UNDER THE EDITORSHIP OF *William G. Moulton*
CORNELL UNIVERSITY

DER BESUCH DER ALTEN DAME

EINE TRAGISCHE KOMÖDIE MIT EINEM NACHWORT

FRIEDRICH DÜRRENMATT

EDITED BY *Paul Kurt Ackermann*
BOSTON UNIVERSITY

Houghton Mifflin Company · Boston

PREFACE

This edition of *Der Besuch der alten Dame* makes available for class use an outstanding contemporary play. When, in 1959, Friedrich Dürrenmatt was awarded the Schiller Prize, the citation described the recipient as the most significent playwright writing in German today. Of all his plays *Der Besuch der alten Dame* has most deeply impressed critics and theatre audiences wherever it was performed.

The play has not been expurgated or in any way shortened or changed. This edition is intended for the second year of college language study and may be used either in the third or fourth semester.

Dürrenmatt's language is not difficult. Because of this it has been possible to use the pages facing the text not primarily for translations of difficult words and explanations of troublesome syntax but rather for various devices which are intended to facilitate vocabulary study and to familiarize the student with the construction of German words. Wherever advisable, related nouns, adjectives and verbs are given for words treated on the left-hand page. The end vocabulary is complete and repeats words which have already appeared on the facing pages.

I am most grateful to Mr. Dürrenmatt for his gracious permission to edit his play.

P. K. ACKERMANN

Cambridge, Massachusetts

INTRODUCTION

Friedrich Dürrenmatt's play *Der Besuch der alten Dame*, expertly acted by Alfred Lunt and Lynn Fontanne, was performed on Broadway during the 1958 season in Maurice Valency's adaptation (entitled *The Visit*) and received the kind of breathless praise that is rarely given to any play.

Dürrenmatt is Swiss. The son of a Protestant clergyman, he was born near Bern in 1921. He began his professional career as an author in the late 1940's with short prose, literary criticism, radio and TV scripts. His first plays, *Der Blinde* and *Es steht geschrieben*, were not notable successes but they did serve to display Dürrenmatt's probing intellect, theatrical inventiveness, and constant concern with the condition of man amid the absurdities of life. The comedies *Romulus der Große* (1949), *Die Ehe des Herrn Mississippi* (1952) and *Ein Engel kommt nach Babylon* (1953) established his reputation as a major playwright in Switzerland and in Germany. None of these plays, however, enjoyed the critical acclaim and the box-office success of *Der Besuch der alten Dame* (1956) which extended Dürrenmatt's reputation beyond the borders of the German-speaking countries.

The visitor of the title is the fabulously rich Claire Zachanassian who returns to her native village, Güllen, a poverty-racked whistle-stop somewhere in Central Europe. The people of Güllen are understandably excited and hope to wheedle a donation out of the rich woman. Nursing an ancient grudge, she offers the town and its people a billion only on condition they give her the life of her former lover. Dürrenmatt speculates on what will happen when humane values come into conflict with greed masquerading under the name of economic necessity.

For the most part Dürrenmatt is bound up with the German literary world and its tradition, but he is also conversant with the achievements of the international theater, particularly with the works of Giraudoux, Pirandello, and Thornton Wilder. Some of his countrymen consider him heir to the great Bernese writer of the last century, Jeremias Gotthelf, whose apocalyptic allegory, *The Black Spider*, shares with Dürrenmatt's *Der Besuch der alten Dame* a preoccupation with the moral welfare of a community.

But Dürrenmatt dislikes literary classification and the restrictions which a defined theory of the drama impose on the playwright. "I would ask you not to look upon me as the spokesman of some specific movement in the theater," he writes in his essay *Problems of the Theater*, "or of a certain dramatic technique, nor to believe that I knock at your door as the travelling salesman of one of the philosophies current on our stages today, whether as existentialist, nihilist, expressionist or satirist, or any other label put on the compote dished up by literary criticism. For me, the stage is not a battlefield for theories, philosophies and manifestoes, but rather an instrument whose possibilities I seek to know by playing with it."

In *Der Besuch der alten Dame* he plays indeed with the stage as if it were an instrument. Imaginatively he exploits its possibilities with all the devices at his command. These include the harsh, bold effects associated with literary expressionism, the juxtaposition of familiar things in new, strange and striking combinations in the manner of the surrealists, the clichés of advertising, the tricks of slapstick and burlesque comedy, and, to close the play, a parody of a Sophoclean chorus.

Although Dürrenmatt is an original dramatist with a style of his own, he often employs dramatic techniques associated with other playwrights. Thus his use of the grotesque recalls the German playwright Frank Wedekind (1864-1918). When it suits his purpose he makes use of the innovations of Bertolt Brecht's "epic theater," which seek to bring about an "alienation" of the audience from the stage, that is to say, they attempt to prevent the spectator from identifying himself too closely with the actor. This is startling to an audience more used to playwrights who try to bridge this distance and to lead us into the illusions presented on the stage. Dürrenmatt "alienates" the spectator so that he may better *understand* what he sees.

In part Dürrenmatt achieves this alienation through language. He uses words so deliberately, sometimes repeating lines word for word, that the dialogue no longer gives the illusion of being real; against the sometimes macabre actions of the play, the words acquire overtones of irony. The matter-of-fact enumeration (in the love scene in the forest) of the traditional furnishings of the German fairy tale, e.g. mushrooms, fawns, linden trees, cloud drifts, purposely destroys the potentially sentimental flavor of the scene and introduces a feeling of absurdity and grotesqueness. The depersonalization of the spoken word reaches its inhuman extreme when in the death scene one of the cameramen requests that Ill repeat his shriek of agony for the movie camera.

Like other contemporary dramatists, Dürrenmatt has been fascinated with the question of whether it is still possible in our age to write tragedy. He has come to the conclusion that our time is not suited for tragedy because the true community, upon which tragedy is predicated, no longer exists; common established standards of guilt and a sense of personal responsibility are lacking. "Tragedy," he writes in *Problems of the Theater*, "presupposes guilt, despair, moderation, lucidity, vision, a sense of responsibility ... Comedy alone is suitable for us. But the tragic is still possible even if pure tragedy is not. We can achieve the tragic out of comedy. We can bring it forth as a frightening moment, as an abyss that opens suddenly."

All of Dürrenmatt's heroes are courageous men. In *Der Besuch der alten Dame*, Ill is doomed at the end of the first act by the power of "economic necessity," the modern version of Greek Fate. During the second act he struggles horror-stricken against the inevitability of the verdict against him. But after this act he makes his choice to endure, a courageous choice, and when we see him again in the third act he is resigned, almost serene, and not without dignity. The world, and hence the stage which to Dürrenmatt represents this world, is a monstrous enigma that must be accepted and before which there must be no capitulation. Within Ill courage is born. Through his struggle with suffering and death he becomes a conscious participant in a higher order.

Der Besuch der alten Dame resembles to some extent a medieval morality play in which a lesson is demonstrated, i.e. that money is the root of all evil. But one aspect of the play is even older: the ritualistic sacrifice of the scapegoat. Many societies, primitive and highly advanced, have performed animal and human sacrifice to assuage the wrath of an angry divinity or simply to promote the welfare of the community. Ill, too, is sacrificed like a scapegoat to the goddess of prosperity with all the rituals of society. The morality with which the people of Güllen justify this sacrifice must strike the spectator as cruel hypocricy; in the world represented by the stage the coincidence of morality with self-interest appears less obvious.

P. K. A.

DER BESUCH
DER ALTEN DAME

DIE BESUCHER	*clear* *Claire Zachanassian, geb. Wäscher* maiden name *Multimillionärin [Armenian-Oil]* *Ihre Gatten* VII–IX *Der Butler* *Toby* │ *Kaugummi kauend* *Roby* │ *Koby* │ *blind* *Loby* │
DIE BESUCHTEN:	*Ill* = sick = krank *Seine Frau* *Seine Tochter* *Sein Sohn* *Der Bürgermeister* *Der Pfarrer* *Der Lehrer* *Der Arzt* *Der Polizist* *Der Erste* │ *Bürger* *Der Zweite* │ *Der Dritte* │ *Der Vierte* │ *Der Maler* *Erste Frau* *Zweite Frau* *Fräulein Luise*
DIE SONSTIGEN:	*Bahnhofvorstand* *Zugführer* *Kondukteur* *Pfändungsbeamte*
DIE LÄSTIGEN:	*Pressemann* I
pains in the ass	*Pressemann* II *Radioreporter* *Kameramann*
ORT:	*Güllen, eine Kleinstadt*
ZEIT:	*Gegenwart*
PAUSE:	*nach dem zweiten Akt*

I

1. *Glockenton: tönen* to sound; *der Ton, ⁻e* sound; *die Glocke, -n* bell; *der Glockenton, ⁻e* sound of a bell · *Vorhang: hängen, i, a* to hang (up); *(prep.) vor* in front of; *der Vorhang, ⁻e* curtain

2. *Inschrift: schreiben, ie, ie* to write; *die Schrift, -en* writing, script; *die Inschrift, -en* or *die Anschrift, -en* inscription · *Güllen* derived from *die Gülle* liquid manure

3. *Hintergrund: der Grund, ⁻e* ground; *(adj. and prep.) hinter* back; *der Hintergrund, ⁻e* background; cf. *der Vordergrund, ⁻e* foreground · *zerfallen: fallen, ie, a* to fall; *zerfallen* to fall apart; *der Zerfall* ruin, disintegration · *Bahnhofsgebäude: bauen* to build; *das Gebäude, -* building; *die Bahn* railroad; *der Bahnhof, ⁻e* railroad station

4. *je nach Land* depending on the country (where this play is to be performed) · *Absperrung: ab-sperren* or *sperren* to close off; *die Absperrung, -en* barricade. In some European countries the platforms are separated from the station hall by a barricade or gate at which the passenger must show his ticket before he is allowed to pass through.

5. *halbzerrissener: reißen, i, i* to tear; *zerreißen* to tear to shreds; *halbzerrissen* half-torn

8. *Ziegeldach: das Dach, ⁻er* roof; *der Ziegel, -* tile · *zerfetzt: der Fetzen, -* shred, scrap; *zerfetzen* to tear to shreds

11. *aufs unbeschreiblichste* superl. of *unbeschreiblich*

12. *beschreibt: schreiben, ie, ie* to write; *beschreiben* to inscribe; *unbeschreiblich* indescribable

13. *Umzug: ziehen, o, o* to pull, haul; to move; *der Zug, ⁻e* train; *um-ziehen* to move from one place to another; *der Umzug, ⁻e* parade · *Kläri* = Klara

14. *Bahnhofvorstand: vor-stehen, a, a* with dat.; *lit.* to stand in front of, to superintend; *der Vorstand* governing body; *der Bahnhofvorstand* stationmaster

15. *Kopfbewegung: bewegen* to move; *die Bewegung, -en* motion; *der Kopf, ⁻e* head

18. *Gudrun* and the following *Rasender Roland, Diplomat,* and *Loreley* are names of trains.

20. *Venedig* Venice

25. *von Bedeutung: bedeuten* to signify, mean; *die Bedeutung, -en* significance, meaning; *von Bedeutung* of significance, of importance

ERSTER AKT

GLOCKENTON EINES BAHNHOFS, BEVOR DER VORHANG AUFGEHT.
*Dann die Inschrift: Güllen. Offenbar der Name der kleinen Stadt,
die im Hintergrund angedeutet ist, ruiniert, zerfallen. Auch das Bahnhofsgebäude verwahrlost, je nach Land mit oder ohne Absperrung,
ein halbzerrissener Fahrplan an der Mauer, ein verrostetes Stellwerk,* 5
*eine Türe mit der Anschrift: Eintritt verboten. Dann, in der Mitte,
die erbärmliche Bahnhofstraße. Auch sie nur angedeutet. Links ein
kleines Häuschen, kahl, Ziegeldach, zerfetzte Plakate an der fenster-
losen Mauer. Links Tafel: Frauen, rechts: Männer. Alles in eine
heiße Herbstsonne getaucht. Vor dem Häuschen eine Bank, auf ihr* 10
*vier Männer. Ein fünfter, aufs unbeschreiblichste verwahrlost, wie die
andern, beschreibt ein Transparent mit roter Farbe, offenbar für einen
Umzug: Willkommen Kläri. Das donnernde, stampfende Geräusch
eines vorbeirasenden Schnellzuges. Vor dem Bahnhof der Bahnhofvorstand salutierend. Die Männer auf der Bank deuten mit einer Kopfbe-* 15
*wegung von links nach rechts an, daß sie den vorbeirasenden Expreß
verfolgen.*

DER ERSTE: Die «Gudrun», Hamburg–Neapel.

DER ZWEITE: Um elfuhrsiebenundzwanzig kommt der «Rasende Roland», Venedig–Stockholm. 20

DER DRITTE: Das einzige Vergnügen, was wir noch haben:
Zügen nachschauen.

DER VIERTE: Vor fünf Jahren hielten die «Gudrun» und der
«Rasende Roland» in Güllen. Dazu noch der «Diplomat» und
die «Loreley», alles Expreßzüge von Bedeutung. 25

3

2. *nicht einmal*   not even
3. *Kaffigen* and *Kalberstadt* are names of imaginary towns.
5. *Wagnerwerke* and *Bockmann* are names of imaginary firms; *das Werk, -e* work(s), factory · *zusammengekracht: krachen*   to crash; *der Krach*   crash, noise; *zusammen-krachen*   to collapse; *here*, to go bankrupt
7. *Platz-an-der-Sonnehütte*   name of an imaginary foundry; *die Hütte, -n*   hut, foundry; *Platz-an-der-Sonne*   place in the sun
8. *Arbeitslosenunterstützung: unterstützen*   to support; *die Unterstützung, -en* support, relief; *die Arbeit, -en* work; *arbeitslos* without work, unemployed; *der Arbeitslos-* unemployed (person)
9. *Suppenanstalt: die Anstalt, -en* institution; *die Suppe, -n* soup; *die Suppenanstalt, -en* soup kitchen
12. *krepieren* to die (as of animals)
15. *höchste* adj. *hoch (hoh-, höher-, höchst-)* high; *höchste Zeit* highest time, i.e. it's about time
16. *gestiftet: stiften* to donate; *die Stiftung, -en* donation, foundation
17. *Kinderkrippe: die Krippe, -n* crib; *das Kind, -er* child; *die Kinderkrippe* nursery
18. *Gedächtniskirche: die Kirche, -n* church; *das Gedächtnis, -(ss)e* memory; *die Gedächtniskirche* memorial church
19. *Zimt* proper name · *naturalistischen Schmierer: schmieren* to smear; *der Schmierer, -* somebody who smears paint around, derisive term for painter, i.e. dabbler; *naturalistisch* naturalistic, in a naturalistic style
21. *die (demon. pronoun)* she · *Armenian-Oil, Western Railways, North Broadcasting Company* are names of firms
23. *Vergnügungsviertel: das Viertel, -* quarter, district; *sich vergnügen* to enjoy oneself; *die Vergnügung, -en* amusement
27. *dabei* at the same time · *Kulturstadt: die Stadt, ̈e* city; *die Kultur, -en* culture; *die Kulturstadt* city with a tradition of culture
30. *Goethe* Johann Wolfgang Goethe (1749–1832), Germany's greatest literary figure · *übernachten* to stay overnight; *Goethe hat hier übernachtet* Goethe slept here
32. *Brahms* Johannes Brahms (1833–1897), German-Austrian composer
34. *Berthold Schwarz* Franciscan monk, about 1300, alleged inventor of gunpowder

DER ERSTE: Von Weltbedeutung.

DER ZWEITE: Nun halten nicht einmal die Personenzüge. Nur zwei von Kaffigen und der einuhrdreizehn von Kalberstadt.

DER DRITTE: Ruiniert.

DER VIERTE: Die Wagnerwerke zusammengekracht.   5

DER ERSTE: Bockmann bankrott.

DER ZWEITE: Die Platz-an-der-Sonnehütte eingegangen.

DER DRITTE: Leben von der Arbeitslosenunterstützung.

DER VIERTE: Von der Suppenanstalt.

DER ERSTE: Leben?   10

DER ZWEITE: Vegetieren.

DER DRITTE: Krepieren.

DER VIERTE: Das ganze Städtchen.

Glockenton.

DER ZWEITE: Höchste Zeit, daß die Milliardärin kommt. In   15
Kalberstadt soll sie ein Spital gestiftet haben.

DER DRITTE: In Kaffigen die Kinderkrippe und in der Hauptstadt eine Gedächtniskirche.

DER MALER: Von Zimt, dem naturalistischen Schmierer, ließ
sie sich porträtieren.   20

DER ERSTE: Die mit ihrem Geld. Die Armenian-Oil besitzt sie,
die Western Railways, die North Broadcasting Company
und das Hongkonger Vergnügungsviertel.

Zugsgeräusch, der Bahnhofvorstand salutiert. Die Männer verfol-
gen den Zug mit einer Kopfbewegung von rechts nach links.   25

DER VIERTE: Der «Diplomat».

DER DRITTE: Dabei waren wir eine Kulturstadt.

DER ZWEITE: Eine der ersten im Lande.

DER ERSTE: In Europa.

DER VIERTE: Goethe hat hier übernachtet. Im Gasthof zum gol-   30
denen Apostel.

DER DRITTE: Brahms ein Quartett komponiert.

Glockenton.

DER ZWEITE: Berthold Schwarz das Pulver erfunden.

1. *mit Glanz: glänzen* to shine; *glänzend* brilliant; *der Glanz* brightness, splendor; *mit Glanz* with distinction · *École des Beaux Arts* French national school of fine arts

2. *treibe: treiben, ie, ie* to drive; to occupy oneself with; *was treibst du da?* what are you doing there? · *Inschriftenmalerei: malen* to paint; *der Maler, -* painter; *die Malerei* painting; *die Inschrift, -en* sign

5. *langgezogenem: ziehen, o, o* to pull, draw; *langgezogen* drawn out

10. *der Pfändungsbeamte: das Amt, ̈er* official position; *der Beamt—* official; *pfänden* to seize something as a pledge or as security for a debt, to attach; *die Pfändung, -en* seizure, distraint; *der Pfändungsbeamt—* an officer charged with the collection of revenues, i.e. bailiff

13. *die Kelle* signal rod with which a stationmaster dispatches a train · *Abfahrt! ab-fahren, u, a* to depart; *die Abfahrt, -en* departure; *Abfahrt!* all aboard!

17. *der hohe Gast* high guest, i.e. exalted guest

21. *Stadtmusik: die Musik* music; *die Stadt, ̈e* town; *die Stadtmusik* town band

22. *Turnverein: vereinen* to unite; *der Verein, -e* association; *turnen* to do gymnastics; *der Turner, -* gymnast; *der Turnverein, -e* Athletic Association · *zu Ehren: ehren* to honor; *die Ehre, -n* honor; *zu Ehren* in honor

23. *reicht: reichen* to reach; to suffice; *reicht das nicht?* isn't that enough?; *das reicht* that suffices, that will do

24. *das Münster* cathedral, minster

28. *grüße = ich grüße*

31. *Das wissen Herr Bürgermeister schon* very formal form of address, using the 3rd person plural; surely the mayor knows that *(schon* here = surely)

DER MALER: Und ich habe mit Glanz die École des Beaux Arts besucht, doch was treibe ich jetzt? Inschriftenmalerei!

Zugsgeräusch. Links erscheint ein Kondukteur, als wäre er eben vom Zuge gesprungen.
DER KONDUKTEUR *mit langgezogenem Schrei:* Güllen! 5
DER ERSTE: Der Personenzug von Kaffigen.
Ein Reisender ist ausgestiegen, geht von links an den Männern auf der Bank vorbei, verschwindet in der Türe mit der Anschrift: Männer.
DER ZWEITE: Der Pfändungsbeamte. 10
DER DRITTE: Geht das Stadthaus pfänden.
DER VIERTE: Politisch sind wir auch ruiniert.
DER BAHNHOFVORSTAND *hebt die Kelle:* Abfahrt!

Vom Städtchen her der Bürgermeister, der Lehrer, der Pfarrer und Ill, ein Mann von fast fünfundsechzig Jahren, alle schäbig gekleidet. 15
DER BÜRGERMEISTER: Mit dem einuhrdreizehn Personenzug von Kalberstadt kommt der hohe Gast.
DER LEHRER: Der gemischte Chor singt, die Jugendgruppe.
DER PFARRER: Die Feuerglocke bimmelt. Die ist noch nicht versetzt. 20
DER BÜRGERMEISTER: Auf dem Marktplatz bläst die Stadtmusik, und der Turnverein bildet eine Pyramide zu Ehren der Milliardärin. Dann ein Essen im goldenen Apostel. Leider reicht es finanziell zur Beleuchtung des Münsters und des Stadthauses nicht am Abend. 25
Der Pfändungsbeamte kommt aus dem Häuschen.
DER PFÄNDUNGSBEAMTE: Guten Morgen, Herr Bürgermeister. Grüße recht herzlich.
DER BÜRGERMEISTER: Was wollen Sie denn hier, Pfändungsbeamter Glutz? 30
DER PFÄNDUNGSBEAMTE: Das wissen Herr Bürgermeister schon.

7

1. *Riesenaufgabe: geben, a, e* to give; *auf-geben* to set a task; *die Aufgabe, -n* task; *der Riese, -n* giant; *riesig* immense · *Pfänden Sie mal eine ganze Stadt* sarcastic remark, *you* just (try to) attach a whole town

6. *Heimatmuseum: die Heimat* homeland; *das Heimatmuseum* regional museum

8. *kein Mensch* nobody; *der Mensch, -en, -en* human being

11. *floriert* florishes · *ausgerechnet: aus-rechnen* to calculate; *ausgerechnet (coll. ironic)* that *would* happen; *ausgerechnet Güllen* Güllen, of all places

13. *wirtschaftlich: wirtschaften* to keep house; to administer property; *die Wirtschaft, -en* housekeeping; management of affairs, economy; inn; *(adj.) wirtschaftlich* economic

15. *der Freimaurer* Freemason · *abgekartet: ab-karten* to plot, scheme; *abgekartetes Spiel* put-up job

16. *gesponnen: spinnen, a, o* to spin; *gesponnen* spun, *here,* plotted

17. *die Hochfinanz* high finance, e.g. Wall Street

18. *zieht seine Fäden: ziehen, o, o* to pull; *der Faden, ≟* string, thread

21. *spähe = ich spähe; nach-spähen* to scout, have a close look · *mal (adv. and particle)* just; *ich spähe mal nach* I'll just have a close look; *sag' mal!* just tell me! *kommen Sie mal her!* just come here!

29. *aufgewachsen: wachsen, u, a* to grow; *auf-wachsen* to grow up

30. *der Baumeister: bauen* to build; *der Bau, -ten* or *das Gebäude, -* building; *der Meister, -* master; *der Baumeister, -* architect

33. *gerührt: rühren* to stir, move, touch; *sie ist zu Tränen gerührt* she is moved to tears; *rührend* moving, touching

35. *Börsianer* name of a train; *die Börse* stock exchange; *der Börsianer* somebody connected with the stock exchange

Ich stehe vor einer Riesenaufgabe. Pfänden Sie mal eine ganze Stadt.

DER BÜRGERMEISTER: Außer einer alten Schreibmaschine finden Sie im Stadthaus nichts.

DER PFÄNDUNGSBEAMTE: Herr Bürgermeister vergessen das Güllener Heimatmuseum.

DER BÜRGERMEISTER: Schon vor drei Jahren nach Amerika verkauft. Unsere Kassen sind leer. Kein Mensch bezahlt Steuern.

DER PFÄNDUNGSBEAMTE: Muß untersucht werden. Das Land floriert, und ausgerechnet Güllen mit der Platz-an-der-Sonne-hütte geht bankrott.

DER BÜRGERMEISTER: Wir stehen selber vor einem wirtschaftlichen Rätsel.

DER ERSTE: Alles von Freimaurern abgekartet.

DER ZWEITE: Von den Juden gesponnen.

DER DRITTE: Die Hochfinanz lauert dahinter.

DER VIERTE: Der internationale Kommunismus zieht seine Fäden.

Glockenton.

DER PFÄNDUNGSBEAMTE: Finde immer etwas. Habe Augen wie ein Sperber. Spähe mal bei der Stadtkasse nach. *Ab.*

DER BÜRGERMEISTER: Besser er plündert uns jetzt als nach dem Besuch der Milliardärin.

Der Maler hat seine Inschrift beendet.

ILL: Das geht natürlich nicht, Bürgermeister, die Inschrift ist zu intim. Willkommen Claire Zachanassian, muß es heißen.

DER ERSTE: Ist aber Kläri.

DER ZWEITE: Kläri Wäscher.

DER DRITTE: Hier aufgewachsen.

DER VIERTE: Ihr Vater war Baumeister.

DER MALER: So schreib ich einfach: Willkommen Claire Zachanassian auf die Hinterseite. Wenn die Milliardärin dann gerührt ist, können wir ihr immer noch die Vorderseite zudrehen.

DER ZWEITE: «Der Börsianer». Zürich–Hamburg.

9

3. *richten* to set right, adjust; to direct; to regulate; *die Richtung, -en* direction; *sich nach einer Sache richten* to adjust to (to be governed by) a thing; *eine Frage an einen richten* to direct a question to a person; *die Uhr richten nach* to set one's watch by

11. *ab-hängen, i, a (von)* to depend (on)

12. *auseinandergegangen: gehen, i, a* to go; *(adv.) auseinander* apart; *auseinandergehen* to separate

13. *unbestimmte: bestimmen* to ascertain; *bestimmt* certain; *die Bestimmtheit* certainty; *unbestimmt* uncertain, vague; *die Unbestimmtheit* uncertainty

15. *hitzig: heiß* hot; *die Hitze* heat; *hitzig* hot; *(fig.)* ardent

16. *schließlich* after all

17. *Klare: klar* clear, limpid, bright; *die Klare* the limpid girl, i.e. Klara

18. *die Petersche Scheune* barn belonging to a family named Peter · *entgegenleuchtete: leuchten* to glow, shine; *leuchtend* glowing, shining; *die Leuchte, -n* luminary, light; *entgegen-leuchten* to shine or glow towards

19. *Konradsweilerwald* Konradsweiler Forest; *der Wald, ̈er* forest

20. *biegsam: biegen, o, o* to bend; *biegsam* supple · *gertenschlank: schlank* slim, slender; *die Gerte, -n* sapling, switch; *gertenschlank* slender as a wand.

21. *verteufelt: der Teufel, -* devil; *verteufelt* devilishly

22. *eben (adj.)* even; plain, smooth; *(adv.)* just, even; *wie es eben kommt* just as it happens, i.e. that's the way things go

23. *Notizbüchlein: das Buch, ̈er* book; *das Büchlein, -* little book; *notieren* to make a note; *die Notiz, -en'* note

27. *durch-forschen: forschen* to explore; *der Forscher, -* explorer; *die Forschung* exploration; *durch-forschen* to search through

29. *Pflanzenkunde: die Kunde* knowledge; *die Pflanze, -n* plant; *die Pflanzenkunde* botany · *die Tierkunde* zoology

33. *Gerechtigkeit: das Recht, -e* right; *der Richter, -* judge; *richten* to judge; *die Gerechtigkeit* justice · *ausgesprochen: aus-sprechen, a, o* to pronounce; to speak out; *ausgesprochen* decidedly

34. *abgeführt: führen* to lead; *der Führer, -* leader; *ab-führen* to lead away, i.e. to arrest · *bewarf: werfen, a, o* to throw; *der Wurf, ̈e* throw; *bewerfen* to pelt

35. *wirkt: wirken* to have an effect; *die Wirkung, -en* effect

Ein neuer Expreßzug kommt von rechts nach links.

DER DRITTE: Immer exakt, die Uhr könnte man nach ihm richten.

DER VIERTE: Bitte; wer hat hier schon noch eine Uhr.

DER BÜRGERMEISTER: Meine Herren, die Milliardärin ist unsere einzige Hoffnung.

DER PFARRER: Außer Gott.

DER BÜRGERMEISTER: Außer Gott.

DER LEHRER: Aber der zahlt nicht.

DER BÜRGERMEISTER: Sie waren mit ihr befreundet, Ill, da hängt alles von Ihnen ab.

DER PFARRER: Sie sind auseinandergegangen damals. Ich hörte eine unbestimmte Geschichte – haben Sie Ihrem Pfarrer etwas zu gestehen?

ILL: Wir waren die besten Freunde – jung und hitzig – war schließlich ein Kerl, meine Herren, vor fünfundvierzig Jahren – und sie, die Klare, ich sehe sie immer noch, wie sie mir durchs Dunkel der Peterschen Scheune entgegenleuchtete, oder mit nackten Füßen im Konradsweilerwald durch Moos und Laub ging, mit wehenden roten Haaren, biegsam, gerten-schlank, zart, eine verteufelt schöne Hexe. Das Leben trennte uns, nur das Leben, wie es eben kommt.

DER BÜRGERMEISTER: Für meine kleine Rede beim Essen im goldenen Apostel sollte ich einige Details über Frau Zachanassian besitzen.

Er zieht ein Notizbüchlein aus der Tasche.

DER LEHRER: Ich forschte die alten Schulrodel durch. Die Noten der Klara Wäscher sind leider, leider herzlich schlecht. Auch das Betragen. Nur in der Pflanzen- und Tierkunde genügend.

DER BÜRGERMEISTER *notierend*: Gut. Genügend in der Pflanzen- und Tierkunde. Das ist gut.

ILL: Da kann ich dem Bürgermeister dienen. Klara liebte die Gerechtigkeit. Ausgesprochen. Einmal wurde ein Vagabund abgeführt. Sie bewarf den Polizisten mit Steinen.

DER BÜRGERMEISTER: Gerechtigkeitsliebe. Nicht schlecht. Wirkt

11

1. *unterschlagen:* usually to embezzle, *here* to suppress
3. *wohltätig: tun, a, a* to do; *die Tat, -en* deed; *tätig* active; *wohl* well, good; *es tut mir wohl* it does me good; *das Wohl* welfare, well-being; *wohltätig* charitable; *die Wohltätigkeit, -en* charity
6. *anbringen: bringen, a, a* to bring; *an-bringen* to apply, *here* to mention; *ein Wort an-bringen* to put in a word; *angebracht* fitting, apt
8. *würde sich in der Rede gut machen* it would do well in the speech, i.e. it would be effective
12. *übrige: über (prep.)* over; *übrig (adj.)* left over, remaining; *das übrige* the rest
13. *herausrücken: rücken* to move jerkily; *der Ruck, -e* jolt, jerk; *heraus-rücken (coll.)* to come forth with
15. *Auffassung: fassen* to grasp; *auf-fassen* to understand; *die Auffassung, -en* comprehension; *die richtige Auffassung* the correct comprehension, i.e. the right view
20. *Fühlung: fühlen* to feel; *das Gefühl, -e* feeling; *die Fühlung* touch, contact; *Fühlung nehmen mit* to get in touch with
21. *Nachfolger: folgen* to follow; *die Folge, -n* that which follows, consequence; *der Nachfolger, -* successor
24. *zur Sache: die Sache, -n* thing, matter; *zur Sache* to the matter (at hand), to the point
26. *zartfühlend: fühlen* to feel; *zart* gently; *zartfühlend* tactfully
27. *vorgehen: gehen, i, a* to go; *vor-gehen* to proceed
28. *mißglückter: mißglücken* to fail; *mißglückt* blundered; cf. *glücken* to prosper; *das Glück* good fortune
29. *getan: tun, a, a* to do; *mit der Stadtmusik ist es nicht getan* (lit.) it is not done with the town band, i.e. the town band is not enough
34. *Altvertrautes: trauen (with dat.)* and *vertrauen auf* to trust; *das Vertrauen* trust; *vertraut mit* familiar with; *altvertraut* of long acquaintance; *Alt-vertrautes* old familiar things
35. *hemdärmlig: der Arm, -e* arm; *der Ärmel, -* sleeve; *das Hemd, -en* shirt; *hemdärmlig* in shirt sleeves

immer. Aber die Geschichte mit dem Polizisten unterschlagen
wir besser.

ILL: Wohltätig war sie auch. Was sie besaß, verteilte sie, stahl
Kartoffeln für eine arme Witwe.

DER BÜRGERMEISTER: Sinn für Wohltätigkeit. Dies, meine   5
Herren, muß ich unbedingt anbringen. Es ist die Hauptsache.
Erinnert sich jemand an ein Gebäude, das ihr Vater errichtete?
Würde sich in der Rede gut machen.

ALLE: Kein Mensch.

Der Bürgermeister schließt sein Notizbüchlein.   10

DER BÜRGERMEISTER: Ich für meinen Teil wäre vorbereitet –
das übrige muß Ill tun.

ILL: Ich weiß. Die Zachanassian soll mit ihren Millionen heraus-
rücken.

DER BÜRGERMEISTER: Millionen – das ist genau die richtige Auf-   15
fassung.

DER LEHRER: Mit einer Kinderkrippe ist uns nicht gedient.

DER BÜRGERMEISTER: Mein lieber Ill, Sie sind seit langem schon
die beliebteste Persönlichkeit in Güllen. Ich trete im Frühling
zurück und nahm mit der Opposition Fühlung. Wir einigten   20
uns, Sie zu meinem Nachfolger vorzuschlagen.

ILL: Aber Herr Bürgermeister.

DER LEHRER: Ich kann dies nur bestätigen.

ILL: Meine Herren, zur Sache. Ich will vorerst mit der Klara
über unsere miserable Lage reden.   25

DER PFARRER: Aber vorsichtig – zartfühlend.

ILL: Wir müssen klug vorgehen, psychologisch richtig. Schon
ein mißglückter Empfang am Bahnhof kann alles verteufeln.
Mit der Stadtmusik und dem gemischten Chor ist es nicht
getan.   30

DER BÜRGERMEISTER: Da hat Ill recht. Es ist dies schließlich auch
ein wichtiger Augenblick. Frau Zachanassian betritt den
Boden ihrer Heimat, findet heim, gerührt, Tränen in den
Augen, erblickt Altvertrautes. Ich werde natürlich nicht
hemdärmlig dastehen wie jetzt, sondern in feierlichem   35

13

1. *Gattin: begatten* to mate; *der Gatte, -n* husband; *die Gattin, -(nn)en* wife
2. *ganz* entirely, completely; *ganz in weiß* all in white
3. *Ordnung: ordnen* to put in order; *ordentlich* orderly; *die Ordnung, -en* order; *in Ordnung kommen, a, o* to be settled · *Zeit: die Zeit, -en* time, period; *zeitig* in time; *zur rechten Zeit* at the right time, in time
8. *sonntäglich: der Sonntag, -e* Sunday; *sonntäglich* appropriate to Sunday · *herzurichten: richten* to set right, adjust; *sich her-richten* to put oneself in order
10. *Höhe: hoch (hoh-, höher-, höchst-)* high; *die Höhe* height; *in die Höhe heben, o, o* to lift up high
11. *Die andern schwenken am besten die Hüte* it will be best to have the others wave their hats
12. *Regierungskommission: regieren* to govern; *die Regierung, -en* government
13. *gleich* equal; immediately; *gleich null* equal to zero, i.e. no good at all
15. *Platz: der Platz, ⁺e* place; *am Platze* in place, i.e. appropriate · *innerliche =* *innerliche Freude*
16. *wiedergefundenen: finden, a, u* to find; *wieder-finden* to find again; *das wiedergefundene Kind der Heimat* the retrieved child of (her) homeland · *ungezwungen: zwingen, a, u* to force; *der Zwang, ⁺e* compulsion; *gezwungen* forced; *ungezwungen* unforced, i.e. informal
17. *klappen (coll.)* to come off, be successful
19. *beachten* pay attention to, consider; *vor allem ist zu beachten* above all we must see to it (that…)
21. *fassungslos: fassen* to seize, hold; *gefaßt* collected, calm; *die Fassung, -en* composure; *fassungslos* without composure, i.e. disconcerted
23. *D-Zug = der Durchgangszug, ⁺e* through train
26. *verarmtesten: arm* poor; *verarmen* to become poor; *verarmt* impoverished
28. *erbärmlichsten: sich erbarmen* to have pity on; *das Erbarmen* or *die Erbarmung* pity; *die Erbärmlichkeit* pitiableness, misery; *erbärmlich* pitiful, wretched · *Nest: das Nest, -er* nest; here used derisively for small town
30. *aufgehoben: auf-heben, o, o* to lift up; to suspend
31. *aufzutauchen: tauchen* to dive, immerse; *auf-tauchen* to come up, appear; *hat aufzutauchen …, vorbeizuflitzen und … zu verschwinden* is supposed to appear …, flash by and … vanish
33. *die Niederung von Pückenried* Plain of Pückenried

Schwarz mit Zylinder, neben mir die Gattin, vor mir meine
zwei Enkelkinder ganz in Weiß mit Rosen. Mein Gott, wenn
nur alles in Ordnung kommt zur rechten Zeit!
Glockenton.

DER ERSTE: Der «Rasende Roland».   5

DER ZWEITE: Venedig–Stockholm elfuhrsiebenundzwanzig.

DER PFARRER: Elfuhrsiebenundzwanzig! Wir haben noch fast
zwei Stunden, uns sonntäglich herzurichten.

DER BÜRGERMEISTER: Die Inschrift «Willkommen Claire Zachanassian» heben Kühn in die Höhe und Hauser. [*Er zeigt auf*   10
den Vierten.] Die andern schwenken am besten die Hüte. Doch
bitte: Nicht schreien wie voriges Jahr bei der Regierungskommission, der Eindruck war gleich null, und wir haben
bis jetzt noch keine Subvention. Nicht übermütige Freude ist
am Platz, sondern innerliche, fast Schluchzen, Mitgefühl mit   15
dem wiedergefundenen Kind der Heimat. Seid ungezwungen,
herzlich, doch muß die Organisation klappen, die Feuerglocke gleich nach dem gemischten Chor einsetzen. Vor
allem ist zu beachten ..

Das Donnern des nahenden Zuges macht seine Rede unverständlich.   20
Kreischende Bremsen. Auf allen Gesichtern drückt sich fassungs-
loses Erstaunen aus. Die fünf auf der Bank springen auf.

DER MALER: Der D-Zug!

DER ERSTE: Hält!

DER ZWEITE: In Güllen!   25

DER DRITTE: Im verarmtesten

DER VIERTE: Lausigsten

DER ERSTE: Erbärmlichsten Nest der Strecke Venedig–Stockholm!

DER BAHNHOFVORSTAND: Die Naturgesetze sind aufgehoben.   30
Der «Rasende Roland» hat aufzutauchen in der Kurve von
Leuthenau, vorbeizuflitzen, und, ein dunkler Punkt, in der
Niederung von Pückenried zu verschwinden.

2. *Perlenhalsband: binden, a, u* to bind; *das Band,* ⁻*er* band, ribbon; *der Hals,* ⁻*e* neck, throat; *die Perle, -n* pearl; *das Perlenhalsband,* ⁻*er* pearl necklace · *aufgedonnert: auf-donnern* *(coll.)* to dress showily; *aufgedonnert* overdressed

3. *gerade* *(adj.)* straight; *(adv.)* just, exactly; *aber gerade darum wieder eine Dame von Welt* lit. but just for that again . . ., i.e. but for that very reason a woman of the world

4. *Gefolge: folgen* to follow; *das Gefolge* those who follow, i.e. retinue

6. *Fisch-Ausrüstung: aus-rüsten* to equip; *die Ausrüstung, -en* equipment; *der Fisch, -e* fish; *fischen* to fish; *die Fisch-Ausrüstung* fishing equipment

8. *die rote Tasche:* red pouch (part of a conductor's uniform)

10. *Notbremse: bremsen* to brake; *die Bremse, -n* brake; *die Not* distress; *die Notbremse, -n* emergency brake

14. *oberstes* superl. of *ober-* situated above; *oberstes Prinzip* uppermost, i.e. first principle

16. *Moby* name of husband VII

18. *die Forelle, -n* trout · *der Hecht, -e* pike

21. *die Zachanassian* proper names may have definite articles for emphasis; *here,* the Zachanassian woman

25. *Kunstturner: turnen* to do gymnastics; *der Turner, -* gymnast; *die Kunst,* ⁻*e* art; *der Kunstturner, -* expert gymnast

32. *dienstlich: dienen* to serve; *der Dienst, -e* service; *der Diener, -* servant; *dienstlich* lit. connected with (one's) service, i.e. officially

34. *Schafskopf: der Kopf,* ⁻*e* head; *das Schaf, -e* sheep; *der Schafskopf,* ⁻*e* lit. sheep's head; cf. blockhead · *eben ... (ein)mal* just simply

Von rechts kommt Claire Zachanassian, dreiundsechzig, rothaarig,
Perlenhalsband, riesige goldene Armringe, aufgedonnert, unmög-
lich, aber gerade darum wieder eine Dame von Welt, mit einer selt-
samen Grazie, trotz allem Grotesken. Hinter ihr das Gefolge, der
Butler Boby, etwa achtzig, mit schwarzer Brille, ihr Gatte VII 5
[groß, schlank, schwarzer Schnurrbart], mit kompletter Fisch-
Ausrüstung. Ein aufgeregter Zugführer begleitet die Gruppe, rote
Mütze, rote Tasche.

CLAIRE ZACHANASSIAN: Ist hier Güllen?

DER ZUGFÜHRER: Sie haben die Notbremse gezogen, Madame. 10

CLAIRE ZACHANASSIAN: Ich ziehe immer die Notbremsen.

DER ZUGFÜHRER: Ich protestiere. Energisch. Die Notbremse
zieht man nie in diesem Lande, auch wenn man in Not ist.
Die Pünktlichkeit des Fahrplans ist oberstes Prinzip. Darf ich
um eine Erklärung bitten? 15

CLAIRE ZACHANASSIAN: Wir sind doch in Güllen, Moby. Ich
erkenne das traurige Nest. Dort drüben der Wald von Konradsweiler mit dem Bach, wo du fischen kannst, Forellen und
Hechte, und rechts das Dach der Peterschen Scheune.

ILL *wie erwachend*: Klara. 20

DER LEHRER: Die Zachanassian.

ALLE: Die Zachanassian.

DER LEHRER: Dabei ist der gemischte Chor nicht bereit, die
Jugendgruppe!

DER BÜRGERMEISTER: Die Kunstturner, die Feuerwehr! 25

DER PFARRER: Der Sigrist!

DER BÜRGERMEISTER: Mein Rock fehlt, um Gotteswillen, der
Zylinder, die Enkelkinder!

DER ERSTE: Die Kläri Wäscher! Die Kläri Wäscher!

Er springt auf und rast ins Städtchen. 30

DER BÜRGERMEISTER *ruft ihm nach*: Die Gattin nicht vergessen!

DER ZUGFÜHRER: Ich warte auf eine Erklärung. Dienstlich. Im
Namen der Eisenbahndirektion.

CLAIRE ZACHANASSIAN: Sie sind ein Schafskopf. Ich will eben

17

3. *angehalten: halten, ie, a* to hold; to keep back; to stop; *der Halt* hold, stop; *an-halten* to stop, check, restrain

5. *mühsam: sich mühen (mit einer Sache)* to take trouble (with a thing); *die Mühe, -n* effort, labor, trouble; *mühsam* laboriously · *Fassung: fassen* to seize, grasp; *sich fassen* to get a hold of oneself; *die Fassung, -en* composure; *er ringt nach Fassung lit.* he struggles for composure, i.e. he struggles to gain self-control

7. *trachten* (with infinitive of another verb) to endeavor to

9. *Verfügung: verfügen* to dispose, order; *über eine Sache verfügen* to have at one's disposal; *die Verfügung, -en* disposal; *der Zug steht Ihnen zur Verfügung* the train is at your disposal

13. *zumuten: einem etwas zu-muten* to demand or expect something of a person; *die Zumutung, -en* (unreasonable) demand or expectation; *Sie wollen mir wohl zumuten lit.* you probably want to expect of me, i.e. do you expect me · *dampfen: der Dampf, ⸚e* steam, vapor; *dampfen* to steam; *here,* to move by steam (by a locomotive), i.e. to chug

14. *einem teuer zu stehen kommen* to cost a person dear, be expensive for a person

18. *verblüfft: verblüffen* to startle, bewilder; *die Verblüfftheit* or *die Verblüffung* bewilderment; *verblüfft* bewildered, flabbergasted

19. *zu Gunsten: die Gunst, ⸚e* favor, good will; *günstig* favorable; *zu Gunsten* in favor of, on behalf of

20. *Eisenbahnerwitwen: die Witwe, -n* widow; *die Eisenbahn, -en* railroad; *der Eisenbahner-* person employed by a railroad; *die Eisenbahnerwitwe, -n* widow of a railroad man

26. *bestürzt: bestürzen* to confound, dismay; *bestürzt* confounded · *Gnädige* = *gnädige Frau lit.* gracious lady, i.e. Madame

29. *Ahnung: ahnen* to have a presentiment of, suspect; *es ahnt mir nichts Gutes* I have a foreboding of evil; *die Ahnung, -en* presentiment; *keine Ahnung (coll.)* don't ask me, I've no idea; *ahnungslos* unsuspecting; *die leiseste Ahnung* faintest presentiment, idea

32. *Kleinigkeit: klein* small; *die Kleinigkeit, -en* trifle

das Städtchen mal besuchen. Soll ich etwa aus Ihrem Schnellzug springen?

DER ZUGFÜHRER: Sie haben den «Rasenden Roland» angehalten, nur weil Sie Güllen zu besuchen wünschen?

Er ringt mühsam nach Fassung.

CLAIRE ZACHANASSIAN: Natürlich.

DER ZUGFÜHRER: Madame. Wenn Sie Güllen zu besuchen trachten, bitte, steht Ihnen in Kalberstadt der zwölfuhrvierzig Personenzug zur Verfügung. Wie aller Welt. Ankunft in Güllen, einuhrdreizehn.

CLAIRE ZACHANASSIAN: Der Personenzug, der in Loken, Brunnhübel, Beisenbach und Leuthenau hält? Sie wollen mir wohl zumuten, eine halbe Stunde durch diese Gegend zu dampfen?

DER ZUGFÜHRER: Madame, das wird Sie teuer zu stehen kommen.

CLAIRE ZACHANASSIAN: Gib ihm tausend, Boby.

ALLE *murmelnd*: Tausend.

Der Butler gibt dem Zugführer tausend.

DER ZUGFÜHRER *verblüfft*: Madame.

CLAIRE ZACHANASSIAN: Und dreitausend für die Stiftung zu Gunsten der Eisenbahnerwitwen.

ALLE *murmelnd*: Dreitausend.

Der Zugführer erhält vom Butler dreitausend.

DER ZUGFÜHRER *verwirrt*: Es gibt keine solche Stiftung, Madame.

CLAIRE ZACHANASSIAN: Dann gründen Sie eine.

Der Gemeindepräsident flüstert dem Zugführer etwas ins Ohr.

DER ZUGFÜHRER *bestürzt*: Gnädige sind Frau Claire Zachanassian? O, Pardon. Das ist natürlich etwas anderes. Wir hätten selbstverständlich in Güllen gehalten, wenn wir nur die leiseste Ahnung – da haben Sie Ihr Geld zurück, gnädige Frau – viertausend – mein Gott.

ALLE *murmelnd*: Viertausend.

CLAIRE ZACHANASSIAN: Behalten Sie die Kleinigkeit.

ALLE *murmelnd*: Behalten.

DER ZUGFÜHRER: Wünschen gnädige Frau, daß der «Rasende Roland» wartet, bis Sie Güllen besichtigt haben? Die Eisen-

1. *billigen: billig* inexpensive; just, fair; *billigen* to consider (something) fair; to approve · *das Münsterportal* portal of the cathedral

2. *sehenswert: wert* worth; *sehen, a, e* to see; *sehenswert* worth seeing · *gotisch* gothic, architectural style of the Middle Ages · *Gericht: richten* to set right; to judge; *der Richter, -* judge; *das Gericht, -e* court of law; judgment; *das jüngste Gericht* Last Judgment

3. *brausen: brausen* to rush, roar; to shower; *die Brause, -n* shower; *davon-brausen* to roar away

4. *weinerlich: weinen* to weep; *weinerlich* tearful, whining · *Mausi* term of endearment; *die Maus, ²e* mouse

6. *Speisewagen: der Wagen* car; *speisen* to eat; *die Speise, -n* food; *der Speise-wagen, -* dining car

7. *weiter* in combination with a verb usually indicates a continuance of the activity described by the verb; *weiter-dinieren* to continue to dine, keep on dining

8. *vorerst* for the time being; cf. *vorläufig*

11. *tritt ... zu: zu-treten, a, e auf* to step up to

17. *beschweren: sich beschweren bei* to complain to; *die Beschwerde, -n* complaint

25. *unentwegt: der Weg, -e* path, way; *unentwegt* lit. not budged from the way, i.e. stubborn, unflinching (here used adverbially) · *weiterspricht: sprechen, a, o* to speak; *weiter-sprechen* to continue to speak; cf. *weiter-dinieren*

29. *verlegen: die Verlegenheit, -en* embarrassment; *verlegen* embarrassed

bahndirektion würde dies mit Freuden billigen. Das Münsterportal soll sehenswert sein. Gotisch. Mit dem jüngsten Gericht.

CLAIRE ZACHANASSIAN: Brausen Sie mit Ihrem Zug davon.

GATTE VII *weinerlich*: Aber die Presse, Mausi, die Presse ist noch
nicht ausgestiegen. Die Reporter dinieren ahnungslos im   5
Speisewagen vorne.

CLAIRE ZACHANASSIAN: Laß sie weiterdinieren, Moby. Ich
brauche die Presse vorerst nicht in Güllen, und später wird
sie schon kommen.

Unterdessen hat der Zweite dem Bürgermeister den Rock gebracht. 10
Der Bürgermeister tritt feierlich auf Claire Zachanassian zu. Der
Maler und der Vierte auf der Bank heben die Inschrift «Willkommen
Claire Zachanassi ... in die Höhe. Der Maler hat sie nicht ganz
beendet.

DER BAHNHOFVORSTAND *hebt die Kelle*: Abfahrt!   15

DER ZUGFÜHRER: Wenn gnädige Frau sich nur nicht bei der
Eisenbahndirektion beschweren. Es war ein reines Mißverständnis.

Der Zug beginnt sich in Bewegung zu setzen. Der Zugführer
springt auf.   20

DER BÜRGERMEISTER: Verehrte, gnädige Frau. Als Bürgermeister
von Güllen habe ich die Ehre, Sie, gnädige verehrte Frau, als
ein Kind unserer Heimat ...

Durch das Geräusch des davonrasenden Zuges wird der Rest der
Rede des Bürgermeisters, der unentwegt weiterspricht, nicht mehr 25
verstanden.

CLAIRE ZACHANASSIAN: Ich danke, Herr Bürgermeister, für die
schöne Rede.
Sie geht auf Ill zu, der ihr etwas verlegen entgegengetreten ist.

ILL: Klara.   30

CLAIRE ZACHANASSIAN: Alfred.

ILL: Schön, daß du gekommen bist.

21

1. *vorgenommen: sich etwas vor-nehmen, a, o* to plan something
5. *doch (adv.):* If spoken with emphasis, *doch* indicates contradiction or insistence: *es ist* **doch** *wahr* it *is* true (no matter what someone else says); *komm* **doch** come even so (no matter what someone else says). If unaccented, *doch* implies that both speaker and hearer already agree to what is being said: *das weißt du doch* you surely know that (and I don't need to point it out specially)
13. *schnurrt: schnurren* to purr
14. *Zauberhexchen: die Hexe, -n* witch; *behexen* to bewitch; *zaubern* to do magic; *der Zauber* magic; *das Zauberhexchen* *lit.* little magic witch, i.e. enchanting little witch
18. *versoffen (vulg.): saufen, o, o* to drink (as of animals); *versoffen* drunk
21. *dazu* in addition · *dahin: dahin sein* to be gone
22. *die Prothese* artificial limb
24. *läßt sich = es läßt sich*
25. *daraufgekommen: auf etwas kommen, a, o* *lit.* to come upon something, i.e. to guess a thing
28. *führen = wir führen*
31. *verneig: sich verneigen* to bow · *eigentlich* really, actually
32. *doch macht sich Moby schöner: machen* to make; to have an effect; *es macht sich schön* it has a nice effect; *Moby macht sich schöner* Moby has a nicer effect, i.e. sounds nicer
33. *Kammerdiener: dienen* to serve; *der Dienst, -e* service; *der Diener, -* servant; *die Kammer, -n* chamber; *der Kammerdiener, -* valet
35. *richten: sich richten nach* to be guided by; to conform to; *sie müssen sich nach seinem Namen richten* they have to let themselves be governed by his name

CLAIRE ZACHANASSIAN: Das habe ich mir immer vorgenommen. Mein Leben lang, seit ich Güllen verlassen habe.

ILL *unsicher*: Das ist lieb von dir.

CLAIRE ZACHANASSIAN: Auch du hast an mich gedacht?

ILL: Natürlich. Immer. Das weißt du doch, Klara.   5

CLAIRE ZACHANASSIAN: Es war wunderbar, all die Tage, da wir zusammen waren.

ILL *stolz*: Eben. *Zum Lehrer*: Sehen Sie, Herr Lehrer, *die* habe ich im Sack.

CLAIRE ZACHANASSIAN: Nenne mich, wie du mich immer ge-   10
nannt hast.

ILL: Mein Wildkätzchen.

CLAIRE ZACHANASSIAN *schnurrt wie eine alte Katze*: Wie noch?

ILL: Mein Zauberhexchen.

CLAIRE ZACHANASSIAN: Ich nannte dich mein schwarzer Panther.   15

ILL: Der bin ich noch.

CLAIRE ZACHANASSIAN: Unsinn. Du bist fett geworden. Und grau und versoffen.

ILL: Doch *du* bist die gleiche geblieben, Zauberhexchen.

CLAIRE ZACHANASSIAN: Ach was. Auch ich bin alt geworden   20
und fett. Dazu ist mein linkes Bein dahin. Ein Autounfall. Ich fahre nur noch Schnellzüge. Doch die Prothese ist vortreff-lich, findest du nicht? *Sie hebt ihren Rock in die Höhe und zeigt ihr linkes Bein:* Läßt sich gut bewegen.

ILL *wischt sich den Schweiß ab*: Wäre nie daraufgekommen,   25
Wildkätzchen.

CLAIRE ZACHANASSIAN: Darf ich dir meinen siebenten Gatten vorstellen, Alfred? Besitzt Tabakplantagen. Führen eine glück-liche Ehe.

ILL: Aber bitte.   30

CLAIRE ZACHANASSIAN: Komm, Moby, verneig dich. Eigentlich heißt er Pedro, doch macht sich Moby schöner. Es paßt auch besser zu Boby, wie der Kammerdiener heißt. Den hat man schließlich fürs Leben, da müssen sich dann eben die Gatten nach seinem Namen richten.   35

23

3. *denk nach: denken, a, a* to think; *der Gedanke, -ns, -n* thought; *nach-denken* to ponder, think hard

5. *fester (comp. of fest):* fast, firm; very; hard; *ein fester Entschluß* a firm resolve; *ich denke fest nach* I think hard

10. *probiers nur = probiere es nur* just try it

14. *Griechisch-Orthodox* Greek Orthodox (belonging to the Greek Orthodox Church, the established church of eastern Europe)

15. *der Pope* priest of the Greek Orthodox Church

17. *edelsteinbesetzt: besetzen* to put or lay on; to set; *der Stein, -e* stone; *edel* noble; *der Edelstein, -e* jewel; *edelsteinbesetzt* set with jewels

18. *das Lorgnon* lorgnette (an eyeglass or eyeglasses with a long handle)

19. *Bedürfnisanstalt: die Anstalt, -en* establishment; *bedürfen* to need; *das Bedürfnis, -(ss)e* need; *die Bedürfnisanstalt, -en* public toilet

20. *exact* exactingly, accurately · *ausgeführt: aus-führen* to execute, make

24. *versammelt: sammeln* to collect; *sich versammeln* to gather, assemble; *die Versammlung, -en* gathering, assembly

25. *da Gymnasium* secondary school with classical emphasis

26. *Liebhaber: lieben* or *lieb haben* to love; *der Liebhaber, -* lover, devotee; *die Liebe* love; *der Geliebt-* lover, beloved · *Frau Musika* Dame Music

27. *Volkslied: das Lied, -er* song; *das Volk, ̈er* people, folk; *das Volkslied, -er* folk song · *aufzuwarten: warten* to wait; *auf-warten (with dat.)* to wait on; to pay one's respects to; *die Aufwartung, -en* service

29. *schießen: schießen, o, o* to shoot; *der Schuß, ̈(ss)e* shot; *los-schießen* to start shooting; *(slang)* to begin

31. *Stimmgabel: die Gabel, -n* fork; *stimmen* to tune; *die Stimme, -n* voice; *die Stimmgabel, -n* tuning fork · *gibt den Ton an* gives the pitch

35. *verzweifelt: zweifeln* to doubt; *der Zweifel, -* doubt; *verzweifeln* to despair; *die Verzweiflung* despair, desperation

Gatte VII verneigt sich.

CLAIRE ZACHANASSIAN: Ist er nicht nett mit dem schwarzen
Schnurrbart? Denk nach, Moby.

Gatte VII denkt nach.

CLAIRE ZACHANASSIAN: Fester. 5

Gatte VII denkt fester nach.

CLAIRE ZACHANASSIAN: Noch fester.

GATTE VII: Aber ich kann nicht mehr fester nachdenken, Mausi,
wirklich nicht.

CLAIRE ZACHANASSIAN: Natürlich kannst du es. Probiers nur. 10

Gatte VII denkt noch fester nach. Glockenton.

CLAIRE ZACHANASSIAN: Siehst du, es ging. Nicht wahr, Alfred,
so wirkt er fast dämonisch. Wie ein Brasilianer. Das ist aber
ein Irrtum. Er ist Griechisch-Orthodox. Sein Vater war Russe.
Ein Pope traute uns. Hoch interessant. Nun will ich mich in 15
Güllen umschauen.

*Sie betrachtet das Häuschen links mit einem edelsteinbesetzten
Lorgnon.*

CLAIRE ZACHANASSIAN: Diese Bedürfnisanstalt hat mein Vater
errichtet, Moby. Gute Arbeit, exakt ausgeführt. Ich saß als 20
Kind stundenlang auf dem Dach und spuckte hinunter. Aber
nur auf die Männer.

*Im Hintergrund haben sich nun der gemischte Chor und die Jugend-
gruppe versammelt. Der Lehrer tritt mit Zylinder vor.*

DER LEHRER: Gnädige Frau, als Rektor des Güllener Gymnasiums 25
und Liebhaber der edlen Frau Musika sei es mir erlaubt, mit
einem schlichten Volkslied aufzuwarten, dargeboten vom
gemischten Chor und der Jugendgruppe.

CLAIRE ZACHANASSIAN: Schießen Sie los, Lehrer, mit Ihrem
schlichten Volkslied. 30

*Der Lehrer nimmt eine Stimmgabel hervor, gibt den Ton an, der
gemischte Chor und die Jugendgruppe beginnen feierlich zu singen,
doch kommt in diesem Augenblick ein neuer Zug von links. Der
Bahnhofvorstand salutiert. Der Chor muß mit dem Rattern des Zuges kämpfen, der Lehrer verzweifelt, endlich ist der Zug vorbei.* 35

1. *untröstlich: der Trost* consolation; *trostlos* disconsolate; *trösten* to console; *untröstlich* inconsolable · *man sollte doch* (but) they were supposed to

5. *eigenartig: (adj.) eigen* own, individual, characteristic; *die Eigenart, -en* peculiarity; characteristic; *eigenartig* peculiar, original

6. *drängt: drängen* to push, press; *der Drang* pressure; urgency, stress

7. *Achtungstellung: stellen* to place; *die Stellung, -en* position; *achten* to respect; *die Achtung* respect; *die Acht* attention, heed, consideration; *achten auf* to pay attention to; *nimmt Achtungstellung ein* comes to attention

8. *der Polizeiwachtmeister* police sergeant

9. *Verfügung: verfügen* to dispose; *die Verfügung, -en* disposal; *ich stehe zu Ihrer Verfügung, lit.* I stand at your disposal, i.e. I am at your service

12. *drücken: drücken* to press; *der Druck* pressure; *zu-drücken* to press shut, i.e. to close · *hin und wieder* now and then

13. *wo käme ich in Güllen sonst hin* how else could I get along in Güllen

10. *verdattert* nonplussed, confused

17. *ganz Klara! lit.* completely Clara, i.e. that's my Clara!

18. *stülpen* to put on carelessly

20. *die Zwillinge* twins · *Zopf: der Zopf, ᵘe* pigtail

25. *Gör: das Gör, -en (coll.)* brat

29. *Pfarrer: der Pfarrer, -* or *der Pastor, -to¹ren* clergyman

31. *pflegen* to nurse, care for; when in combination with an infinitive of another verb, -to be in the habit of-; *pflegen Sie zu trösten* are you in the habit of consoling · *Sterbende: sterben, a, o* to die; noun with adjectival endings *der Sterbend-* the dying (man)

33. *Mühe: die Mühe, -n* effort, labor; *sich Mühe geben, a, e* to make an effort, try

34. *verurteilt: urteilen* to judge; *das Urteil, -e* judgment; *verurteilen* to condemn, sentence

DER BÜRGERMEISTER *untröstlich*: Die Feuerglocke, man sollte doch die Feuerglocke einsetzen!

CLAIRE ZACHANASSIAN: Gut gesungen, Güllener. Besonders der blonde Baß links außen mit dem großen Adamsapfel war eigenartig.

Durch den gemischten Chor drängt sich ein Polizist, nimmt vor Claire Zachanassian Achtungstellung an.

DER POLIZIST: Polizeiwachtmeister Hahncke, gnädige Frau. Stehe zu Ihrer Verfügung.

CLAIRE ZACHANASSIAN *mustert ihn*: Danke. Ich will niemanden verhaften. Aber vielleicht wird Güllen Sie nötig haben. Drücken Sie hin und wieder ein Auge zu?

DER POLIZIST: Das schon, gnädige Frau. Wo käme ich in Güllen sonst hin!

CLAIRE ZACHANASSIAN: Schließen Sie lieber beide.

Der Polizist steht etwas verdattert da.

ILL *lacht*: Ganz Klara! Ganz mein Zauberhexchen.

Er schlägt sich vergnügt auf die Schenkel. Der Bürgermeister stülpt sich den Zylinder des Lehrers auf den Kopf, stellt die beiden Enkelkinder vor. Zwillinge, siebenjährig, blonde Zöpfe.

DER BÜRGERMEISTER: Meine Enkelkinder, gnädige Frau, Hermine und Adolfine. Nur die Gattin fehlt.

Er wischt sich den Schweiß ab. Die beiden Mädchen knicksen und überreichen der Zachanassian rote Rosen.

CLAIRE ZACHANASSIAN: Ich gratuliere zu den beiden Gören, Bürgermeister. Da!

Sie drückt die Rosen dem Bahnhofvorstand in die Arme. Der Bürgermeister gibt heimlich den Zylinder dem Pfarrer, der ihn aufsetzt.

DER BÜRGERMEISTER: Unser Pfarrer, gnädige Frau.

Der Pfarrer zieht den Zylinder, verneigt sich.

CLAIRE ZACHANASSIAN: Ei, der Pastor. Pflegen Sie Sterbende zu trösten?

DER PFARRER *verwundert*: Ich gebe mir Mühe.

CLAIRE ZACHANASSIAN: Auch solche, die zum Tode verurteilt wurden?

1. *Todesstrafe: strafen* to punish; *die Strafe, -n* punishment; *der Tod* death; *die Todesstrafe, -n* death penalty

4. *konsterniert* puzzled

6. *ausgelassene: aus-lassen, ie, a* to let out, release; *(adj.) ausgelassen* wild, unrestrained, wanton

10. *was fällt Ihnen ein: ein-fallen, ie, a* to fall in; to invade; to occur (to one's mind); *der Einfall, ̈e* falling in; invasion; sudden idea; *was fällt Ihnen ein lit.* what is coming into you, i.e. what has got into you

11. *meilenweit: weit* far; *die Meile, -n* mile; *meilenweit* for miles

12. *erschrocken: erschrecken, a, o* to give a start, be frightened; *der Schreck, -en* fright, scare

13. *Mercedes* German automobile

14. *schlägt die Hacken zusammen* clicks his heels · *wird gemacht = es wird gemacht*

15. *schaffe ich behördlich zur Stelle: schaffen* to do; to bring; *zur Stelle schaffen* to bring hither; *die Behörde, -n* administrative authority; *behördlich* officially; *behördlich zur Stelle schaffen* to requisition

17. *die Sänfte: sanft* gentle; *die Sänfte, -n* sedan chair (gentle means of locomotion) · *her damit!* hither with it!, i.e. bring it here!

18. *herkulische: herkulisch* Herculean, i.e. very strong · *kaugummikauende: kauen* to chew; *das Gummi* gum; rubber; *das Kaugummi* chewing gum; *kaugummikauend* chewing chewing-gum

21. *Fürbitte: bitten, a, e für* to ask for; *die Fürbitte, -n* petition

23. *pro* per, for each · *stammt aus: stammen aus* to originate from, hail from; *der Stamm, ̈e* stem; family, clan; breed; trunk · *Louvre* museum of art in Paris

30. *Liebesorte: der Ort, -e* place, spot; *die Liebe* love; *der Liebesort, -e* trysting spot; haunt

31. *der goldene Apostel* name of the inn at which Klara plans to stay

34. *los!* let's go!

DER PFARRER *verwirrt*: Die Todesstrafe ist in unserem Lande abgeschafft, gnädige Frau.

CLAIRE ZACHANASSIAN: Man wird sie vielleicht wieder einführen.

Der Pfarrer gibt etwas konsterniert den Zylinder dem Bürgermeister zurück, der ihn wieder aufsetzt.

ILL *lachend*: Wildkätzchen! Was du doch für ausgelassene Witze machst!

CLAIRE ZACHANASSIAN: Nun will ich ins Städtchen.

Der Bürgermeister will ihr den Arm reichen.

CLAIRE ZACHANASSIAN: Was fällt Ihnen ein, Bürgermeister, ich marschiere nicht meilenweit mit meiner Prothese.

DER BÜRGERMEISTER *erschrocken*: Sofort! Sofort! Der Arzt besitzt ein Automobil. Einen Mercedes aus dem Jahre 32.

DER POLIZIST *schlägt die Hacken zusammen*: Wird gemacht, Herr Bürgermeister. Den Wagen schaffe ich behördlich zur Stelle.

CLAIRE ZACHANASSIAN: Nicht nötig. Seit meinem Unfall bewege ich mich nur per Sänfte. Roby und Toby, her damit.

Von links kommen zwei herkulische, kaugummikauende Monstren mit einer Sänfte. Einer trägt eine Guitarre auf dem Rücken.

CLAIRE ZACHANASSIAN: Zwei Gangster aus Manhattan, in Sing-Sing zum elektrischen Stuhl verurteilt. Auf meine Fürbitte zum Sänftetragen freigelassen. Kostete mir eine Million Dollar pro Fürbitte. Die Sänfte stammt aus dem Louvre und ist ein Geschenk des französischen Präsidenten. Ein freundlicher Herr, sieht genau so aus wie in den Zeitungen. Tragt mich in die Stadt, Roby und Toby.

DIE BEIDEN: Yes, Mam.

CLAIRE ZACHANASSIAN: Doch zuerst in die Petersche Scheune und dann in den Konradsweilerwald. Ich will mit Alfred unsere alten Liebesorte besuchen. Schafft das Gepäck und den Sarg unterdessen in den goldenen Apostel.

DER BÜRGERMEISTER *verblüfft*: Den Sarg?

CLAIRE ZACHANASSIAN: Ich brachte einen mit. Ich kann ihn vielleicht brauchen. Los Roby und Toby.

Die beiden kaugummikauenden Monstren tragen Claire Zachanas-

2. *Hochrufe: rufen, ie, u*   to call, shout; *der Ruf, -e*   call, shout; *hoch*   high;
   der Hochruf, -e   cheer · *verdutzt: verdutzen*   to confuse; *(adv.) verdutzt*
   perplexed
3. *Dienstmänner: der Mann, ᵘer*   man; *dienen*   to serve; *der Dienst, -e*   service;
   der Dienstmann, ᵘer   porter
4. *versetzte: versetzen*   to pawn; *(adj.) versetzt*   pawned
7. *schließt … an: sich an-schließen, o, o   (with dat.)* to follow; to join · *die Zofe ,-n*
   lady's maid
9. *Verkehr: verkehren mit*   to have social intercourse with, associate with; *der
   Verkehr*   traffic, intercourse
12. *sorgfältig: sich sorgen*   to worry, care; *die Sorge, -n*   care; *sorgfältig*   carefully
13. *riechens = riechen es*
24. *am Tonfall: der Tonfall*   intonation; *am Tonfall*   by the intonation
26. *mißtrauisch: trauen*   to trust; *mißtrauen*   not to trust; *mißtrauisch*   suspicious
28. *hält uns für Männer: halten, ie, a für*   to consider; *er hält uns für Männer*   he
   thinks we are men
29. *zum Teufel!*   l *it.* to the devil, i.e. expression of impatience or annoyance
30. *werdens = Sie werden es*
31. *na, wenigstens immer munter*   well, at least (you are) always cheerful
32. *kriegen = wir kriegen*   we get

sian in die Stadt. Der Bürgermeister gibt ein Zeichen, alle brechen in Hochrufe aus, die sich freilich verdutzt dämpfen, wie nun zwei Dienstmänner einen schwarzen kostbaren Sarg hinein und nach Güllen tragen. Doch beginnt in diesem Augenblick die noch nicht versetzte Feuerglocke zu bimmeln.   5

DER BÜRGERMEISTER: Endlich! Die Feuerglocke!

Die Bevölkerung schließt sich dem Sarg an. Die Zofen der Claire Zachanassian hinterher mit Gepäck und unendlichen Koffern, die von Güllenern getragen werden. Der Polizist regelt den Verkehr, will dem Zug nachgehen, doch kommen von rechts noch zwei kleine 10 *dicke, alte Männer mit leiser Stimme, die sich an der Hand halten, beide sorgfältig gekleidet.*

DIE BEIDEN: Wir sind in Güllen. Wir riechens, wir riechens, wir riechens an der Luft, an der Güllenerluft.

DER POLIZIST: Wer seid denn ihr?   15

DIE BEIDEN: Wir gehören zur alten Dame, wir gehören zur alten Dame. Sie nennt uns Koby und Loby.

DER POLIZIST: Frau Zachanassian logiert im goldenen Apostel.

DIE BEIDEN *fröhlich*: Wir sind blind, wir sind blind.

DER POLIZIST: Blind? Dann führe ich euch zwei mal hin.   20

DIE BEIDEN: Danke, Herr Polizist, danke recht schön.

DER POLIZIST *verwundert*: Wie wißt ihr denn, daß ich ein Polizist bin, wenn ihr blind seid?

DIE BEIDEN: Am Tonfall, am Tonfall, alle Polizisten haben den gleichen Tonfall.   25

DER POLIZIST *mißtrauisch*: Ihr scheint eure Erfahrung mit der Polizei gemacht zu haben, ihr kleinen dicken Männer.

DIE BEIDEN *staunend*: Männer, er hält uns für Männer!

DER POLIZIST: Was seid ihr denn sonst, zum Teufel!

DIE BEIDEN: Werdens schon merken, werdens schon merken!   30

DER POLIZIST *verdutzt*: Na, wenigstens immer munter.

DIE BEIDEN: Kriegen Koteletts und Schinken. Alle Tage, alle Tage.

31

2. *Ausländer: das Ausland* foreign country; *der Ausländer, -* foreigner
6. *schweben: schweben* to hover; *in die Höhe schweben* to move upward
7. *Wirtshausschild: das Schild, -er* shield; sign; *das Wirtshaus, ⁻er* inn; *das Wirtshausschild, -er* sign of an inn, i.e. emblem of an inn
8. *vergoldet: das Gold* gold; *vergoldet* gilded · *die Apostelfigur* figure of an apostle
9. *untergegangener: unter-gehen, i, a* to go under, vanish; *der Untergang* going down, sinking, decline, ruin; *(adj.) untergegangen* vanished
10. *verschlissen: verschleißen, i, i* to wear (out); *der Verschleiß* abrasion, wear and tear · *vermodert: vermodern* to fall into decay · *der Gips* plaster
11. *abgebröckelt: ab-bröckeln* to crumble away; to peel off; *der Brocken, -* crumb
13. *Schnaps* hard liquor, usually brandy; *beim Schnaps sitzen, a, e lit.* to sit at liquor, i.e. sit and drink; *die Schnapsidee, -n (coll.)* crazy notion
14. *nichts als* nothing but · *haufenweise: häufen* to pile up; *der Haufen, -* heap, pile; *(adv.) haufenweise* in heaps
19. *die Marotte* whim
22. *um so besser* all the better
24. *schöpfen: schöpfen aus* to scoop out of, obtain; *der Schöpfer, -* scoop, ladle · *Wohl: wohl* well; *das Wohl* welfare, well-being; *auf Ihr Wohl* to your health · *darauf, daß* a toast, i.e. let us drink to
25. *sanieren* to cure financially
28. *Schwung: schwingen, a, u* to swing; *der Schwung, ⁻e* swing; ardor; *coll.* dash; *in Schwung kommen, a, o lit.* to come into swing, i.e. to get going
29. *öffentlich: offen* open; *die Öffentlichkeit* public; *öffentlich* public; *der öffentliche Wohlstand* public welfare
30. *stoßen an: stoßen, ie, o* to push, strike, hit; *der Stoße, ⁻e* push, strike, hit; *an-stoßen, ie, o* to strike or knock against; *der Anstoß, ⁻e* shock, collision; initiative; offence; *anstößig* offensive, indecent; *sie stoßen an* they clink (glasses)
33. *Gruseln: das Gruseln* horrors, creeps; *gruselig* creepy, gruesome; *was Gruseln heißt* what is meant by creeps

DER POLIZIST: Da würde ich auch herumtanzen. Kommt, gebt mir die Hand. Einen komischen Humor haben die Ausländer.

Er geht mit den beiden in die Stadt hinein.

DIE BEIDEN: Zu Boby und Moby, zu Roby und Toby!

Verwandlung ohne Vorhang. Die Fassade des Bahnhofs und des Häuschens schweben in die Höhe. Interieur des «Goldenen Apostel», ja, es kann sich sogar ein Wirtshausschild von oben hinuntersenken, eine vergoldete ehrwürdige Apostelfigur, ein Emblem, das in der Mitte des Raumes schweben bleibt. Untergegangener Luxus. Alles verschlissen, verstaubt, zerbrochen, verstunken, vermodert, der Gips abgebröckelt. Endlose Prozessionen von Kofferträgern, die zuerst einen Käfig, dann Gepäck hineinschleppen, hinauftragen. Der Bürgermeister und der Lehrer sitzen rechts im Vordergrund beim Schnaps.

DER BÜRGERMEISTER: Koffer, nichts als Koffer, haufenweise, und vorhin wurde in einem Käfig ein Panther hinaufgeschafft, ein wildes schwarzes Tier.

DER LEHRER: Den Sarg ließ sie in ein Extrazimmer schaffen. Merkwürdig.

DER BÜRGERMEISTER: Weltberühmte Damen haben ihre Marotten.

DER LEHRER: Sie scheint länger hier bleiben zu wollen.

DER BÜRGERMEISTER: Um so besser. Ill hat sie im Sack. Wildkätzchen, Zauberhexchen, hat er sie genannt. Millionen wird er aus ihr schöpfen. Auf ihr Wohl, Lehrer. Darauf, daß Claire Zachanassian Bockmann saniert.

DER LEHRER: Die Wagnerwerke.

DER BÜRGERMEISTER: Die Platz-an-der-Sonnehütte. Kommt die in Schwung, kommt alles in Schwung, die Gemeinde, das Gymnasium, der öffentliche Wohlstand.

Sie stoßen an.

DER LEHRER: Seit mehr denn zwei Jahrzehnten korrigiere ich die Latein- und Griechischübungen der Güllener Schüler, doch was Gruseln heißt, Herr Bürgermeister, weiß ich erst seit einer

2. *kommt mir vor: vor-kommen, a, o* to come forth; to happen; *das Vorkommnis, -(ss)e* happening, occurrence; *vor-kommen (with dat.)* to seem to a person; *sie kommt mir vor wie* she seems to me like

3. *die Parze, -n* the Fates in Greek mythology; they were Clotho, who spun the web of life, Lachesis, who measured its length, and Atropos, who cut it · *Schicksalsgöttin: die Göttin, -(nn)en* goddess; *das Schicksal, -e* fate

4. *traut ... zu: jemandem etwas zu-trauen* to believe somebody capable of something

10. *aufblühen: blühen* to bloom; *die Blüte, -n* blossom; *auf-blühen* to come into bloom, to blossom

12. *andächtig: die Andacht, -en* devotion; *andächtig* reverent

13. *genierte: sich genieren* to be embarrassed

17. *Männerverbrauch: verbrauchen* to use up; *der Verbrauch* consumption; *der Männerverbrauch* consumption of men · *Lais* famous Roman courtesan

20. *Orkus* Orcus (Roman underworld, cf. Greek Hades) · *entsteigen: steigen, ie, ie* to climb; *entsteigen* to climb out of

24. *gehen ... nach: gehen, i, a* to go; *nach-gehen* to go after, pursue · *die Leidenschaft* passion; *leiden, i, i* to suffer

26. *lichterloh: die Lohe, -n* flame; *licht* bright; *lichterloh* blazing

28. *antike Größe* antique greatness, i.e. grandeur of (classical) antiquity

30. *Mühe: die Mühe, -n* effort, labor; *sich Mühe geben* to make an effort *erdenklich: denken, a, a* to think; *der Gedanke, -ns, -n* thought; *erdenklich* conceivable

31. *auf* to (as in a toast)

32. *Nachfolger: folgen* to follow; *nach-folgen* to follow after; *der Nachfolger, -* successor

Stunde. Schauerlich, wie sie aus dem Zuge stieg, die alte
Dame mit ihren schwarzen Gewändern. Kommt mir vor wie
eine Parze, wie eine griechische Schicksalsgöttin. Sollte Klotho
heißen, nicht Claire, der traut man es noch zu, daß sie Lebens-
fäden spinnt.

Der Polizist kommt, hängt den Helm an einen Haken.

DER BÜRGERMEISTER: Setzen Sie sich zu uns, Polizeiwachtmeister.

Der Polizist setzt sich zu ihnen.

DER POLIZIST: Kein Vergnügen, in diesem Nest zu wirken. Aber
nun wird die Ruine aufblühen. War da eben mit der Milliardärin und dem Krämer Ill in der Peterschen Scheune. Eine
rührende Szene. Die beiden waren andächtig wie in einer
Kirche. Genierte mich, dabei zu sein. Ich habe mich denn auch
entfernt, wie sie in den Konradsweilerwald gingen. Eine
regelrechte Prozession. Vorne die Sänfte, daneben Ill und
hinten der Butler und ihr siebenter Mann mit seiner Fischrute.

DER LEHRER: Männerverbrauch. Eine zweite Lais.

DER POLIZIST: Dann noch zwei kleine dicke Männer. Weiß der
Teufel, was dies bedeutet.

DER LEHRER: Unheimlich. Dem Orkus entstiegen.

DER BÜRGERMEISTER: Ich wundere mich, was die im Konradsweilerwald suchen.

DER POLIZIST: Das gleiche wie in der Peterschen Scheune, Bürgermeister. Sie gehen den Lokalitäten nach, wo einst ihre Leidenschaft – wie sagt man – brannte.

DER LEHRER: Lichterloh! Da muß man schon an Shakespeare
denken. Romeo und Julia. Meine Herren: Ich bin erschüttert.
Zum ersten Male in Güllen fühle ich antike Größe.

DER BÜRGERMEISTER: Vor allem wollen wir auf unseren guten Ill
anstoßen, der sich jede nur erdenkliche Mühe gibt, unser Los
zu bessern. Meine Herren, auf den beliebtesten Bürger der
Stadt, auf meinen Nachfolger!

35

3. *absetzen: setzen* to set, place; *ab-setzen* to set down · *Kartonherz: das Herz, -ens, -en* heart; *der Karton* cardboard; *das Kartonherz* heart made of cardboard

4. *Halbkreis: kreisen* to circle; *der Kreis, -e* circle; *halb* half; *der Halbkreis, -e* semicircle

5. *breiten ... auseinander: auseinander-breiten* to spread out · *markieren* to pretend to be

6. See Dürrenmatt's comments on this scene in the *Nachwort*, p. 187 · *die Fichte, -n* spruce · *die Föhre, -n* Scotch pine · *die Buche, -n* beech tree

7. *die Tanne, -n* fir

8. *die Flechte, -n* lichen · *das Epheudickicht* ivy thicket

9. *das Unterholz* undergrowth; *das Holz* wood · *das Fuchsgeheg* den of a fox

10. *Wolkenzug: ziehen, o, o* to move; *der Zug, ⁰e* something that is moving: train; feature of a face; draft; drift; *die Wolke, -n* cloud; *der Wolkenzug, ⁰e* cloud drift

11. *echte deutsche Wurzelwildnis* genuine German jungle of roots (the reference here is to the typical German fairy tale which is furnished romantically with firs, does, toadstools, cloud drifts, etc.)

12. *Fliegenpilz: der Pilz, -e* mushroom; *die Fliege, -n* fly; *der Fliegenpilz* toadstool (picturesque large red mushroom with white polka dots) · *das Reh, -e* doe, fawn

13. *Zweiggeflüster: flüstern* to whisper; *das Geflüster* whispering; *der Zweig, -e* branch, twig; *das Zweiggeflüster* whispering of branches

23. *verblichen: bleichen* to bleach; *bleich* pale; *verbleichen, i, i* to fade

28. *stampfte: stampfen* to stamp, trudge

31. *die Visage* (*vulg.*) mug

*Der Wirtshausapostel schwebt wieder nach oben. Von links kommen
die vier Bürger mit einer einfachen Holzbank, ohne Lehne, die sie
links absetzen. Der Erste steht auf die Bank, ein großes Kartonherz
umhängt mit den Buchstaben A K, die andern stellen sich im Halbkreis um ihn, breiten Zweige auseinander, markieren Bäume.* 5

DER ERSTE: Wir sind Fichten, Föhren, Buchen.

DER ZWEITE: Wir sind dunkelgrüne Tannen.

DER DRITTE: Moos und Flechten, Epheudickicht.

DER VIERTE: Unterholz und Fuchsgeheg.

DER ERSTE: Wolkenzüge, Vogelrufe. 10

DER ZWEITE: Echte deutsche Wurzelwildnis.

DER DRITTE: Fliegenpilze, scheue Rehe.

DER VIERTE: Zweiggeflüster, alte Träume.

*Aus dem Hintergrund kommen die zwei Kaugummi kauenden
Monstren, die Sänfte mit Claire Zachanassian tragend, neben ihr* 15
*Ill. Dahinter der Gatte VII und ganz im Hintergrund der Butler, die
beiden Blinden an der Hand führend.*

CLAIRE ZACHANASSIAN: Der Konradsweilerwald, Roby und Toby,
haltet mal an.

DIE BEIDEN BLINDEN: Anhalten Boby und Moby. 20

Claire Zachanassian steigt aus der Sänfte, betrachtet den Wald.

CLAIRE ZACHANASSIAN: Das Herz mit deinem und meinem
Namen, Alfred. Fast verblichen und auseinandergezogen.
Der Baum ist gewachsen, sein Stamm, seine Äste dick ge-
worden wie wir selber. 25

Claire Zachanassian geht zu den anderen Bäumen.

CLAIRE ZACHANASSIAN: Eine deutsche Baumgruppe. Ich ging
schon lange nicht mehr im Walde meiner Jugend, stampfte
schon lange nicht mehr durch Laub, durch violetten Epheu.
Spaziert nun etwas hinter die Büsche, mit eurer Sänfte, ihr 30
Kaugummikauer, ich mag eure Visagen nicht immer sehen.
Und du, Moby, wandere nach rechts gegen den Bach zu
deinen Fischen.

1. *links ab: links* to the left; *links ab* off toward the left; cf. *rechts ab* off toward the right
3. *schau: schauen* to look; *schau mal* just look
5. *Schonzeit: die Zeit, -en* time; *schonen* to treat with consideration, spare, preserve; *die Schonzeit* closed season (i.e. no hunting)
7. *der Findling (geol.)* drift-block (rock, removed by glacier from original location)
9. *Sträuchern: der Strauch, ̈er* shrub
11. *Kleinwarenladen: der Laden, ̈* store; *die Ware, -n* merchandise; *klein* small; *der Kleinwarenladen, ̈* notion store
13. *Armenien* Armenia · *das Bordell* brothel
14. *lockten ... an: locken* or *an-locken* to attract, entice, allure
15. *Maikäfer: der Käfer, -* beetle, bug; *der Mai* May; *der Maikäfer, -* May bug, (English) June bug. (The meaning is something like: the lecherous old June bug.)
17. *Henry Clay* name of a cigar
21. *schätze: schätzen* to value, treasure; *der Schatz, ̈e* treasure
23. *Dir zuliebe* for your sake
26. *verzichten* to forego; *der Verzicht* renunciation
34. *schlage ... herum: sich herum-schlagen, u, a mit* to fight with, contend with
35. *vorhält: vor-halten, ie, a* lit. to hold in front, i.e. to reproach; *die mir die Armut vorhält* which reproaches me with (our) poverty

Die zwei Monstren mit der Sänfte links ab. Gatte VII nach rechts. Claire Zachanassian setzt sich auf die Bank.

CLAIRE ZACHANASSIAN: Schau mal, ein Reh.

Der Dritte springt davon.

ILL: Schonzeit.

Er setzt sich zu ihr.

CLAIRE ZACHANASSIAN: Auf diesem Findling küßten wir uns. Vor mehr als fünfundvierzig Jahren. Wir liebten unter diesen Sträuchern, unter dieser Buche, zwischen Fliegenpilzen im Moos. Ich war siebzehn und du noch nicht zwanzig. Dann hast du Mathilde Blumhard geheiratet mit ihrem Kleinwarenladen und ich den alten Zachanassian mit seinen Milliarden aus Armenien. Er fand mich in einem Hamburger Bordell. Meine roten Haare lockten ihn an, den alten, goldenen Maikäfer.

ILL: Klara!

CLAIRE ZACHANASSIAN: Eine Henry Clay, Boby.

DIE BEIDEN BLINDEN: Eine Henry Clay, eine Henry Clay.

Der Butler kommt aus dem Hintergrund, reicht ihr eine Zigarre, gibt ihr Feuer.

CLAIRE ZACHANASSIAN: Ich schätze Zigarren. Eigentlich sollte ich jene meines Mannes rauchen, aber ich traue ihnen nicht.

ILL: Dir zuliebe habe ich Mathilde Blumhard geheiratet.

CLAIRE ZACHANASSIAN: Sie hatte Geld.

ILL: Du warst jung und schön. Dir gehörte die Zukunft. Ich wollte dein Glück. Da mußte ich auf das meine verzichten.

CLAIRE ZACHANASSIAN: Nun ist die Zukunft gekommen.

ILL: Wärest du hier geblieben, wärest du ebenso ruiniert wie ich.

CLAIRE ZACHANASSIAN: Du bist ruiniert?

ILL: Ein verkrachter Krämer in einem verkrachten Städtchen.

CLAIRE ZACHANASSIAN: Nun habe *ich* Geld.

ILL: Ich lebe in einer Hölle, seit du von mir gegangen bist.

CLAIRE ZACHANASSIAN: Und ich bin die Hölle geworden.

ILL: Ich schlage mich mit meiner Familie herum, die mir jeden Tag die Armut vorhält.

1. *Mathildchen* little Mathilda
3. *Hauptsache* i.e. *die Hauptsache ist: die Sache, -n* thing, matter; *das Haupt, ̈er* head; *die Hauptsache, -n* main thing; cf. *die Hauptstadt* capital
6. *aufgehen: gehen, i, a* to go; *auf-gehen* to rise (as of the sun); to open; *jetzt geht mir ein Licht auf* now it's beginning to dawn on me, i.e. I begin to understand; *der (der Sinn) wird ihnen schon aufgehen* it (the sense) will dawn on them no doubt *(schon* no doubt)
10. *Tessin* canton in southern Switzerland
11. *wozu auch* for what, anyway, i.e. what does it matter
17. *lauernd: lauern* to lurk; *lauernd* craftily
19. *Stich: im Stich lassen, ie, a* to leave in the lurch
20. *nötig: die Not, ̈e* distress, need; *nötig* necessary; *nötig haben* to need
24. *schmerzerfüllt: erfüllen* to fill; *schmerzen* to hurt, pain; *der Schmerz, -en* pain; *schmerzerfüllt* full of pain
25. *das Scharnier, -e* hinge
30. *der Specht, -e* woodpecker
31. *einst* formerly
33. *die Scheibe, -n* disk
34. *der Kuckuck* cuckoo · *irgendwo* somewhere: cf. *irgendwie* somehow; *irgendwer* someone

CLAIRE ZACHANASSIAN: Mathildchen machte dich nicht glücklich?

ILL: Hauptsache, daß du glücklich bist.

CLAIRE ZACHANASSIAN: Deine Kinder?

ILL: Ohne Sinn für Ideale.

CLAIRE ZACHANASSIAN: Der wird ihnen schon aufgehen.

Er schweigt. Die beiden starren in den Wald ihrer Jugend.

ILL: Ich führe ein lächerliches Leben. Nicht einmal recht aus dem Städtchen bin ich gekommen. Eine Reise nach Berlin und eine ins Tessin, das ist alles.

CLAIRE ZACHANASSIAN: Wozu auch. Ich kenne die Welt.

ILL: Weil du immer reisen konntest.

CLAIRE ZACHANASSIAN: Weil sie mir gehört.

Er schweigt und sie raucht.

ILL: Nun wird sich alles ändern.

CLAIRE ZACHANASSIAN: Gewiß.

ILL *lauernd*: Du wirst uns helfen?

CLAIRE ZACHANASSIAN: Ich lasse das Städtchen meiner Jugend nicht im Stich.

ILL: Wir haben Millionen nötig.

CLAIRE ZACHANASSIAN: Wenig.

ILL *begeistert*: Wildkätzchen!

Er schlägt ihr gerührt auf ihren linken Schenkel und zieht die Hand schmerzerfüllt zurück.

CLAIRE ZACHANASSIAN: Das schmerzt. Du hast auf ein Scharnier meiner Prothese geschlagen.

Der Erste zieht aus der Hosentasche eine alte Tabakpfeife hervor und einen rostigen Hausschlüssel, klopft mit dem Schlüssel auf die Pfeife.

CLAIRE ZACHANASSIAN: Ein Specht.

ILL: Es ist wie einst, wie wir jung waren und kühn, da wir in den Konradsweilerwald gingen, in den Tagen unserer Liebe. Die Sonne hoch über den Tannen, eine helle Scheibe. Ferne Wolkenzüge und das Rufen des Kuckucks irgendwo in der Wurzelwildnis.

41

2. *befühlt: fühlen* to feel; *das Gefühl, -e* feeling, sensation; *befühlen* to examine by feeling, handle

3. *rauschen* to rustle, murmur, roar

6. *aufgehoben: heben, o, o* to lift, raise; *auf-heben, o, o* to lift up; to preserve, keep; to suspend (as of time), cancel; *wäre doch die Zeit aufgehoben* would that time were suspended

12. *das Elfenbein* ivory

13. *läßt fahren: lassen, ie, a* to let; *fahren lassen* to let go

15. *Flugzeugabsturz: stürzen* to fall, tumble, crash; *der Sturz, ͏̈e* fall, tumble, crash; *ab-stürzen* to fall (from a high place, e.g. from a mountain or an airplane); *der Absturz, ͏̈e* crash; *fliegen, o, o* to fly; *der Flug, ͏̈e* flight; *das Flugzeug, -e* airplane

16. *kroch: kriechen, o, o* to crawl · *als einzige* as the only one

17. *die Besatzung* crew · *umzubringen: um-bringen, a, a* to kill

19. *Blasmusik: blasen, ie, a* to blow; *die Blasmusik* brass band · *feierlich getragen* solemnly grave

21. *das Gedeck, -e* place setting

23. *strömen herein: strömen* to stream; to pour; *es strömt* it pours, i.e. rains hard; *der Strom, ͏̈e* stream, river; *herein-strömen* to pour in

24. *Turnerleibchen: das Leibchen, -* bodice; *der Turner, -* gymnast; *das Turnerleibchen, -* gym shirt

28. *begeben: sich begeben, a, e nach* to repair to, go to

29. *Beifallssturm: der Sturm, ͏̈e* storm; *der Beifall* applause · *gilt: gelten, a, o (with dat.)* to be meant for

DER VIERTE: Kuckuck! Kuckuck!

Ill befühlt den Ersten.

ILL: Kühles Holz und Wind in den Zweigen, ein Rauschen, wie die Brandung des Meeres. Wie einst, alles wie einst.

Die drei, die Bäume markieren, blasen, bewegen die Arme auf und ab. 5

ILL: Wäre doch die Zeit aufgehoben, mein Zauberhexchen. Hätte uns doch das Leben nicht getrennt.

CLAIRE ZACHANASSIAN: Das wünschest du?

ILL: Dies, nur dies. Ich liebe dich doch!

Er küßt ihre rechte Hand. 10

ILL: Dieselbe kühle weiße Hand.

CLAIRE ZACHANASSIAN: Irrtum. Auch eine Prothese. Elfenbein.

Ill läßt entsetzt ihre Hand fahren.

ILL: Klara, ist denn überhaupt alles Prothese an dir!

CLAIRE ZACHANASSIAN: Fast. Von einem Flugzeugabsturz in 15 Afghanistan. Kroch als einzige aus den Trümmern. Auch die Besatzung war tot, bin nicht umzubringen.

DIE BEIDEN BLINDEN: Nicht umzubringen, nicht umzubringen.

Blasmusik ertönt, feierlich getragen. Der Wirtshausapostel senkt sich wieder herunter. Die Güllener tragen Tische herein, die Tisch- 20 *tücher erbärmlich zerfetzt. Gedeck, Speisen, ein Tisch in der Mitte, einer links und einer rechts, parallel zum Publikum. Der Pfarrer kommt aus dem Hintergrund. Weitere Güllener strömen herein, einer im Turnerleibchen. Der Bürgermeister, der Lehrer, der Poli- zist erscheinen wieder. Die Güllener klatschen Beifall. Der Bür-* 25 *germeister kommt zur Bank, wo Claire Zachanassian und Ill sitzen, die Bäume sind wieder zu Bürgern geworden und haben sich nach hinten begeben.*

DER BÜRGERMEISTER: Der Beifallssturm gilt Ihnen, verehrte, gnädige Frau. 30

5. *geleiten: leiten* to conduct, lead; *der Leiter, -* conductor, leader; *die Leitung, -en* guidance; conduit; pipe; *geleiten* to conduct, accompany
6. *stellt . . . vor: jemanden vor-stellen* to introduce somebody
10. *die Klassenerste* first in class, i.e. star pupil
12. *ausgemergelt* emaciated
18. *untersetzt* stocky
19. *borstig: die Borste, -n* bristle; *borstig* bristly · *Schmisse: der Schmiß, -(ss)e* duelling scar (The doctor is apparently a former member of a duelling fraternity; a duelling scar is regarded by some as an academic badge of honor.)
21. *hergeflitzt: her-flitzen* to flit hither, come very quickly
26. *verfertigen* to prepare, make out · *Totenscheine: der Schein, -e* certificate; *der Tod* death; *tot* dead; *der Tot-* dead (person)
28. *stutzt: stutzen* to be startled
29. *kommt . . . um: um-kommen, a, o* to die, perish, cf. *um-bringen, a, a* to kill
30. *allerdings* to be sure
31. *angeordnet: an-ordnen* to order; *von der Behörde angeordnet* ordered by the authorities
32. *stellen . . . fest: fest-stellen* to ascertain; *die Feststellung, -en* establishment (evidence, etc.); confirmation · *Herzschlag: schlagen, u, a* to beat; *das Herz, -ens, -en* heart; *der Herzschlag* heartbeat; heart failure
34. *wendet sich . . . ab: sich ab-wenden von* to turn away from

CLAIRE ZACHANASSIAN: Er gilt der Stadtmusik, Bürgermeister. Sie bläst vortrefflich, und vorhin die Pyramide des Turnvereins war wunderschön. Ich liebe Männer in Leibchen und kurzen Hosen. Sie sehen so natürlich aus.

DER BÜRGERMEISTER: Darf ich Sie zu Tisch geleiten?   5

Er führt Claire Zachanassian zum Tisch in der Mitte, stellt ihr seine Frau vor.

DER BÜRGERMEISTER: Meine Gattin.

Claire Zachanassian betrachtet die Gattin durch ihr Lorgnon.

CLAIRE ZACHANASSIAN: Anettchen Dummermuth, unsere Klas- 10 senerste.

Nun stellt er eine zweite Frau vor, wie die seine ausgemergelt, verbittert.

DER BÜRGERMEISTER: Frau Ill.

CLAIRE ZACHANASSIAN: Mathildchen Blumhard. Erinnere mich, 15 wie du hinter der Ladentüre auf Alfred lauertest. Mager bist du geworden und bleich, meine Gute.

Von rechts stürzt der Arzt herein, ein fünfzigjähriger untersetzter Mensch mit Schnurrbart, borstigen schwarzen Haaren, Schmisse im Gesicht, alter Frack.   20

DER ARZT: Noch zur rechten Zeit hergeflitzt mit meinem alten Mercedes.

DER BÜRGERMEISTER: Doktor Nüßlin, unser Arzt.

Claire Zachanassian betrachtet den Arzt durch ihr Lorgnon, der ihr die Hand küßt.   25

CLAIRE ZACHANASSIAN: Interessant. Verfertigen Sie die Totenscheine?

DER ARZT *stutzt*: Totenscheine?

CLAIRE ZACHANASSIAN: Kommt jemand um?

DER ARZT: Allerdings, gnädige Frau. Meine Pflicht. Von der 30 Behörde angeordnet.

CLAIRE ZACHANASSIAN: Stellen Sie in Zukunft Herzschlag fest.

ILL *lachend*: Köstlich, einfach köstlich.

Claire Zachanassian wendet sich vom Arzt ab und betrachtet den Turner in seinem Leibchen.   35

45

4. *erwürgt: erwürgen* to strangle
5. *Kniebeuge: beugen* to bend; *die Beuge, -n* bend, curve; flexure; *die Kniebeuge, -n* knee bend · *vor Verwunderung* with astonishment
8. *Liegestütz: stützen* to support, prop; *die Stütze, -n* prop, support, joist; *liegen, a, e* to lie; *die Liegestütz (gymn.)* push-up position
10. *Totlachen: sich tot-lachen* *lit.* to die laughing, i.e. to laugh very much; *Sind zum Totlachen diese Bonmots,* i.e. *diese Bonmots sind zum Totlachen* these witty remarks are enough to make one die with laughter
12. *Mark und Bein* marrow and bone; *sie gehen durch Mark und Bein* *lit.* they go through marrow and bone, i.e. they cut to the quick
15. *schnappt nach: nach Luft schnappen* to gasp for air
18. *Donnerwetter!* heavens!
24. *scheiden: scheiden, ie, ie* to separate; *die Scheidung, -en* separation, divorce; *sich scheiden lassen, ie, a* to get a divorce
27. *Filmschauspieler: spielen* to play; *das Spiel, -e* game; *der Spieler, -* player; *das Schauspiel, -e* play (theater); *der Schauspieler, -* actor; *der Filmschauspieler,-* movie actor
31. *Jugendtraum: träumen* to dream; *der Traum, ⁼e* dream; *die Jugend* youth; *der Jugendtraum, ⁼e* dream of (one's) youth · *getraut: trauen (with acc.)* to perform a wedding ceremony; *die Trauung, -en* wedding; *getraut werden, u, o* to get married

CLAIRE ZACHANASSIAN: Turnen Sie noch mal.

Der Turner beugt die Knie, schwingt die Arme.

CLAIRE ZACHANASSIAN: Wundervoll diese Muskeln. Haben Sie
schon jemand erwürgt mit Ihren Kräften?

DER TURNER *in Kniebeuge, starr vor Verwunderung*: Erwürgt? 5

CLAIRE ZACHANASSIAN: Schwingen Sie jetzt noch einmal die
Arme nach hinten, Herr Turner, und dann gehen Sie in die
Liegestütz.

ILL *lachend*: Einen goldenen Humor besitzt die Klara! Sind zum
Totlachen diese Bonmots! 10

Der Arzt ist immer noch bestürzt.

DER ARZT: Ich weiß nicht! Solche Späße gehen durch Mark und
Bein.

ILL *heimlich*: Millionen hat sie versprochen!

Der Bürgermeister schnappt nach Luft. 15

DER BÜRGERMEISTER: Millionen?

ILL: Millionen.

DER ARZT: Donnerwetter.

Die Milliardärin wendet sich vom Turner ab.

CLAIRE ZACHANASSIAN: Nun habe ich Hunger, Bürgermeister. 20

DER BÜRGERMEISTER: Wir warten nur auf Ihren Gatten, gnädige
Frau.

CLAIRE ZACHANASSIAN: Sie brauchen nicht zu warten. Er angelt,
und ich lasse mich scheiden.

DER BÜRGERMEISTER: Scheiden? 25

CLAIRE ZACHANASSIAN: Auch Moby wird sich wundern. Heirate
einen deutschen Filmschauspieler.

DER BÜRGERMEISTER: Aber Sie sagten doch, Sie führten eine
glückliche Ehe!

CLAIRE ZACHANASSIAN: Jede meiner Ehen ist glücklich. Aber es 30
war mein Jugendtraum, im Güllener Münster getraut zu
werden. Jugendträume muß man ausführen. Wird feierlich
werden.

*Alle setzen sich. Claire Zachanassian nimmt zwischen dem Bürger-
meister und Ill Platz. Neben Ill Frau Ill und neben dem Bürger-* 35

47

2. *weitere Ehrengäste* further guests of honor

3. *Spruchband: das Band,* ̈*er* ribbon; *sprechen, a, o* to speak; *der Spruch,* ̈*e* saying, motto; *das Spruchband,* ̈*er* scroll

4. *freudestrahlend: strahlen* to beam; *die Freude, -n* joy; *freudestrahlend* beaming with joy

5. *die Serviette, -n* napkin

6. *es sind jetzt ... her, daß* ... have now passed since

8. *der Kurfürst Hasso der Noble* Elector Hasso the Noble

11. *Menge: die Menge* crowd; quantity; *eine Menge Zeit* a lot of time

13. *ergangen: ergehen, i, a (with dat.)* to go, fare with; *es erging ihm schlecht* things went badly with him, he fared badly · *traurig uns = traurig ist es uns ergangen*

14. *weder ... noch* neither ... nor

15. *urgesunde: gesund* healthy; *die Gesundheit* health; *urgesund* very healthy. The prefix *ur-* intensifies *gesund;* cf. *uralt* very old; *urdeutsch* thoroughly German; *ureigen* innate; *urkomisch* very funny

16. *die Lungenschwindsucht* consumption

17. *dahingerafft: dahin-raffen* to snatch away · *volkstümlich: das Volk* people; *volkstümlich* popular, folksy

18. *Fachkreisen: der Kreis, -e* circle; group; *das Fach,* ̈*er* compartment; field of study; *der Fachmann,* ̈*er* expert; *der Fachkreis, -e* group of experts · *stark = sehr*

20. *wackersten:* superl. of *wacker* valiant

21. *gar Sie* particularly you

22. *rotgelockt = mit roten Locken · Wildfang: fangen, i, a* to catch; *der Fang* catch; *der Wildfang,* lit. caught free bird, i.e. tomboy, hoyden · *tollen* to romp

23. *verlottern* to go to ruin

28. *Lehrerschaft: lehren* to teach; *der Lehrer, -* teacher; *die Lehrerschaft* faculty · *hingestellt: hin-stellen* to put down; *als Vorbild hingestellt* put down as an example

31. *das Kreatürliche* all living creatures · *Schutzbedürftigen: bedürfen (with gen.)* to need, require; *der Bedarf* need; *schützen* to protect; *der Schutz* protection; *der Schutzbedürftige* a person in need of protection

33. *weiter Kreise* of wide circles, i.e. of large groups

meister dessen Gattin. Rechts hinter einem andern Tisch der Lehrer, der Pfarrer und der Polizist, links die Vier. Weitere Ehrengäste mit Gattinnen im Hintergrund, wo das Spruchband leuchtet: Willkommen Kläri. Der Bürgermeister steht auf, freudestrahlend, schon die Serviette umgebunden, und klopft an sein Glas. 5

DER BÜRGERMEISTER: Gnädige Frau, meine lieben Güllener. Es sind jetzt fünfundvierzig Jahre her, daß Sie unser Städtchen verlassen haben, welches vom Kurfürsten Hasso dem Noblen gegründet, so freundlich zwischen dem Konradsweilerwald und der Niederung von Pückenried gebettet liegt. Fünfund- 10 vierzig Jahre, mehr als vier Jahrzehnte, eine Menge Zeit. Vieles hat sich inzwischen ereignet, viel Bitteres. Traurig ist es der Welt ergangen, traurig uns. Doch haben wir Sie, gnädige Frau – unsere Kläri – *Beifall* – nie vergessen. Weder Sie, noch Ihre Familie. Die prächtige, urgesunde Mutter – 15 *Ill flüstert ihm etwas zu* – leider allzufrüh von einer Lungenschwindsucht dahingerafft, der volkstümliche Vater, der beim Bahnhof ein von Fachkreisen und Laien stark besuchtes – *Ill flüstert ihm etwas zu* – stark beachtetes Gebäude errichtete, leben in Gedanken noch unter uns, als unsere besten, wacker- 20 sten. Und gar Sie, gnädige Frau – als blond – *Ill flüstert ihm etwas zu* – rotgelockter Wildfang tollten Sie durch unsere nun leider verlotterten Gassen – wer kannte Sie nicht. Schon damals spürte jeder den Zauber Ihrer Persönlichkeit, ahnte den kommenden Aufstieg zu der schwindelnden Höhe der 25 Menschheit. *Er zieht das Notizbüchlein hervor.* Unvergessen sind Sie geblieben. In der Tat. Ihre Leistung in der Schule wird noch jetzt von der Lehrerschaft als Vorbild hingestellt, waren Sie doch besonders im wichtigsten Fach erstaunlich, in der Pflanzen- und Tierkunde, als Ausdruck Ihres Mitgefühls zu 30 allem Kreatürlichen, Schutzbedürftigen. Ihre Gerechtigkeitsliebe und Ihr Sinn für Wohltätigkeit erregte schon damals die Bewunderung weiter Kreise. *Riesiger Beifall.* Hatte doch unsere Kläri einer armen alten Witwe Nahrung verschafft, indem sie mit ihrem mühsam bei Nachbarn verdienten 35

49

1. *Hungertode: der Tod* death; *der Hunger* hunger; *hungrig* hungry; *der Hungertod* death from starvation

2. *um nur ... zu erwähnen* just to mention

4. *Keime: keimen* to germinate; *der Keim, -e* germ · *Anlagen* (here in the gen. case): *die Anlage, -n* talent; natural tendency

6. *überschütten* to pour over, cover (with)

7. *Müttersanatorien: das Sanatorium, -ien* convalescent home; *die Mutter, ⸚* mother; *das Müttersanatorium* convalescent home for mothers

8. *Künstlerhilfe: helfen, a, o* to help; *die Hilfe, -n* help, assistance; *die Kunst, ⸚e* art; *der Künstler, -* artist; *die Künstlerhilfe* support for artists, i.e. foundation for the support of artists

9. *Heimgefundenen: finden, a, u* to find; *heim-finden* to find one's way home; *die Heimgefundene* she who has returned home

13. *zwar* to be sure

15. *vorkomme: vor-kommen, a, o* to appear, occur · *geprügelt: prügeln* to cane, thrash; *die Prügel* thrashing

16. *gemeinsam mit* together with

17. *die Kupplerin* procuress

20. *Beitrag: der Beitrag, ⸚e* contribution; *einen Beitrag leisten* to make a contribution

26. *Erstarrung: starr* rigid; *erstarren* to become rigid; *die Erstarrung* rigidity, i.e. numbness

29. *trommelt: die Trommel, -n* drum; *trommeln* to drum; *sich auf die Brust trommeln* to drum on one's chest, i.e. to beat one's chest

31. *goldig: das Gold* gold; *goldig* golden, i.e. precious, sweet · *zum Kugeln (coll.): die Kugel, -n* ball; bullet; sphere; *kugeln* to form into a ball; *zum Kugeln* enough to make one double up with laughter

Taschengeld Kartoffeln kaufte und sie so vor dem Hungertode bewahrte, um nur eine ihrer barmherzigen Handlungen zu erwähnen. *Riesiger Beifall.* Gnädige Frau, liebe Güllener, die zarten Keime so erfreulicher Anlagen haben sich denn nun kräftig entwickelt, aus dem rotgelockten Wildfang wurde 5 eine Dame, die die Welt mit ihrer Wohltätigkeit überschüttet, man denke nur an ihre Sozialwerke, an ihre Müttersanatorien und Suppenanstalten, an ihre Künstlerhilfe und Kinderkrippen, und so möchte ich der nun Heimgefundenen zurufen: Sie lebe hoch, hoch, hoch! *Beifall.* 10

Claire Zachanassian erhebt sich.

CLAIRE ZACHANASSIAN: Bürgermeister, Güllener. Eure selbstlose Freude über meinen Besuch rührt mich. Ich war zwar ein etwas anderes Kind, als ich nun in der Rede des Bürgermeisters vorkomme, in der Schule wurde ich geprügelt, und die 15 Kartoffeln für die Witwe Boll habe ich gestohlen, gemeinsam mit Ill, nicht um die alte Kupplerin vor dem Hungertode zu bewahren, sondern um mit Ill einmal in einem Bett zu liegen, wo es bequemer war als im Konradsweilerwald oder in der Peterschen Scheune. Um jedoch meinen Beitrag an eure 20 Freude zu leisten, will ich gleich erklären, daß ich bereit bin, Güllen eine Milliarde zu schenken. Fünfhundert Millionen der Stadt und fünfhundert Millionen verteilt auf jede Familie. *Totenstille.*

DER BÜRGERMEISTER *stotternd:* Eine Milliarde. 25

Alle immer noch in Erstarrung.

CLAIRE ZACHANASSIAN: Unter einer Bedingung.

Alle brechen in einen unbeschreiblichen Jubel aus. Tanzen herum, stehen auf die Stühle, der Turner turnt usw. Ill trommelt sich begeistert auf die Brust. 30

ILL: Die Klara! Goldig! Wunderbar! Zum Kugeln! Voll und ganz mein Zauberhexchen!

Er küßt sie.

DER BÜRGERMEISTER: Unter einer Bedingung, haben gnädige Frau gesagt. Darf ich diese Bedingung wissen? 35

51

3. *Totenstille: der Tod*   death; *tot*   dead; *still*   silent; *die Stille*   silence; *die Totenstille*   deathly silence

15. *Oberrichter: richten*   to judge; *der Richter, -*   judge; *der Oberrichter, -*   Chief Magistrate

18. *Kaffiger*   of the city of Kaffig · *Appellationsgericht: das Gericht, -e*   court of law (cf. note to line 15); *das Appellationsgericht, -e*   Court of Appeals

19. *Angebot: an-bieten, o, o*   to offer; *das Angebot, -e*   offer

21. *der Akademiker*   person with a university education

22. *Besoldung: besolden*   to pay wages, salary; *die Besoldung, -en*   pay, wages, salary

23. *komm zum Fall*   lit. come to the case, i.e. come to the point

27. *wieder gut macht: wieder gut machen*   lit. to make good again, i.e. to make amends for

28. *angetan: an-tun, a, a (with dat.)*   to do to, inflict on

34. *zuckt: zucken*   to twitch, shrug; *die Achseln zucken*   to shrug one's shoulders

CLAIRE ZACHANASSIAN: Ich will die Bedingung nennen. Ich gebe
euch eine Milliarde und kaufe mir dafür die Gerechtigkeit.
Totenstille.

DER BÜRGERMEISTER: Wie ist dies zu verstehen, gnädige Frau?

CLAIRE ZACHANASSIAN: Wie ich es sagte.

DER BÜRGERMEISTER: Die Gerechtigkeit kann man doch nicht
kaufen!

CLAIRE ZACHANASSIAN: Man kann alles kaufen.

DER BÜRGERMEISTER: Ich verstehe immer noch nicht.

CLAIRE ZACHANASSIAN: Tritt vor, Boby.

*Der Butler tritt von rechts in die Mitte zwischen die drei Tische,
zieht die dunkle Brille ab.*

DER BUTLER: Ich weiß nicht, ob mich noch jemand von euch
erkennt.

DER LEHRER: Der Oberrichter Hofer.

DER BUTLER: Richtig. Der Oberrichter Hofer. Ich war vor fünfundvierzig Jahren Oberrichter in Güllen und kam dann ins
Kaffiger Appellationsgericht, bis mir vor nun fünfundzwanzig
Jahren Frau Zachanassian das Angebot machte, als Butler in
ihre Dienste zu treten. Ich habe angenommen. Eine für einen
Akademiker vielleicht etwas seltsame Karriere, doch die
angebotene Besoldung war derart phantastisch ...

CLAIRE ZACHANASSIAN: Komm zum Fall, Boby.

DER BUTLER: Wie ihr vernommen habt, bietet Frau Claire Zachanassian eine Milliarde und will dafür Gerechtigkeit. Mit
anderen Worten: Frau Claire Zachanassian bietet eine Milliarde, wenn ihr das Unrecht wieder gut macht, das Frau
Zachanassian in Güllen angetan wurde. Herr Ill, darf ich
bitten.

Ill steht auf, bleich, gleichzeitig erschrocken und verwundert.

ILL: Was wollen Sie von mir?

DER BUTLER: Treten Sie vor, Herr Ill.

ILL: Bitte.

Er tritt vor den Tisch rechts. Lacht verlegen. Zuckt die Achseln.

DER BUTLER: Es war im Jahre 1910. Ich war Oberrichter in

53

1. *Vaterschaftsklage: klagen* to complain; *die Klage, -n* complaint; *der Vater, ̈*
   father; *die Vaterschaft* paternity; *die Vaterschaftsklage, -n* complaint in
   regard to paternity, i.e. paternity case
2. *klagte ... an: an-klagen* to accuse; *die Anklage, -n* accusation; *der Angeklagt-*
   accused (person)
5. *bestritten: streiten, i, i* to fight, quarrel; *der Streit* fight; quarrel; *bestreiten, i, i*
   to contest, deny
6. *Zeugen: zeugen* to beget, procreate, bear witness; *der Zeuge, -n, -n* witness
7. *unbesonnen: sinnen, a, o* to think, meditate, brood; *der Sinn, -e* sense, feeling;
   intellect; *sich besinnen, a, o (auf eine Sache)* to recollect, remember; *(über*
   eine Sache) to consider, reflect, ponder; *besonnen* thoughtful; *unbesonnen*
   thoughtless
8. *führt ... vor: vor-führen* lit. to lead forward, i.e. to produce
11. *der Eunuch, -en, -en* eunuch
13. *zur Stelle: die Stelle, -n* place, spot; *zur Stelle sein* to be present
27. *kennen, a, a ... an* to know by

Güllen und hatte eine Vaterschaftsklage zu behandeln. Claire
Zachanassian, damals Klara Wäscher, klagte Sie, Herr Ill, an,
der Vater ihres Kindes zu sein.

Ill schweigt.

DER BUTLER: Sie bestritten damals die Vaterschaft, Herr Ill. 5
Sie hatten zwei Zeugen mitgebracht.

ILL: Alte Geschichten. Ich war jung und unbesonnen.

CLAIRE ZACHANASSIAN: Führt Koby und Loby vor, Toby und
Roby.

Die beiden Kaugummi kauenden Monstren führen die beiden blin- 10
den Eunuchen in die Mitte der Bühne, die sich fröhlich an der Hand
halten.

DIE BEIDEN: Wir sind zur Stelle, wir sind zur Stelle!

DER BUTLER: Erkennen Sie die beiden, Herr Ill?

Ill schweigt. 15

DIE BEIDEN: Wir sind Koby und Loby, wir sind Koby und Loby.

ILL: Ich kenne sie nicht.

DIE BEIDEN: Wir haben uns verändert, wir haben uns verändert.

DER BUTLER: Nennt eure Namen.

DER ERSTE: Jakob Hühnlein. Jakob Hühnlein. 20

DER ZWEITE: Ludwig Sparr, Ludwig Sparr.

DER BUTLER: Nun, Herr Ill.

ILL: Ich weiß nichts von ihnen.

DER BUTLER: Jakob Hühnlein und Ludwig Sparr, kennt ihr
Herrn Ill? 25

DIE BEIDEN: Wir sind blind, wir sind blind.

DER BUTLER: Kennt ihr ihn an seiner Stimme?

DIE BEIDEN: An seiner Stimme, an seiner Stimme.

DER BUTLER: 1910 war ich der Richter und ihr die Zeugen.
Was habt ihr geschworen, Ludwig Sparr und Jakob Hühn- 30
lein, vor dem Gericht zu Güllen?

DIE BEIDEN: Wir hätten mit Klara geschlafen, wir hätten mit
Klara geschlafen.

DER BUTLER: So habt ihr vor mir geschworen. Vor dem Gericht,
vor Gott. War dies die Wahrheit? 35

55

4. *bestochen: bestechen, a, o* to bribe; *die Bestechung, -en* bribery; bribe; *bestechlich* corrupt, corruptible; *die Bestechlichkeit* corruptibility
10. *ließ uns suchen lit.* let us be searched for, i.e. had us tracked down
12. *ausgewandert: aus-wandern* to emigrate; cf. *ein-wandern* to immigrate
13. *Australien* Australia
15. *Toby und Roby* are in the dative case.
18. *kastriert: kastrieren* to castrate · *geblendet: blenden* to blind; *blind* blind
20. *Fehlurteil: das Urteil, -e* judgment, verdict; *fehl (adv. and sep. prefix)* wrong, wrongly; in compounds usually "mis-"; *das Fehlurteil, -e* misjudgment, miscarriage of justice; cf. *der Fehlschluß* wrong inference; *der Fehlschlag* failure
24. *verjährt: das Jahr, -e* year; *verjährt lit.* many years have passed, i.e. null and void (fallen under the statute of limitations according to which a criminal cannot be convicted for a crime after a certain period has elapsed)
29. *die Dirne, -n* harlot (formerly simply girl; cf. *das Dirndlkleid* peasant dress for girls)
34. *leisten: sich etwas leisten können* to be able to afford something

DIE BEIDEN: Wir haben falsch geschworen, wir haben falsch geschworen.

DER BUTLER: Warum, Ludwig Sparr und Jakob Hühnlein?

DIE BEIDEN: Ill hat uns bestochen, Ill hat uns bestochen.

DER BUTLER: Womit? 5

DIE BEIDEN: Mit einem Liter Schnaps, mit einem Liter Schnaps.

CLAIRE ZACHANASSIAN: Erzählt nun, was ich mit euch getan habe, Koby und Loby.

DER BUTLER: Erzählt es.

DIE BEIDEN: Die Dame ließ uns suchen, die Dame ließ uns suchen. 10

DER BUTLER: So ist es. Claire Zachanassian ließ euch suchen. In der ganzen Welt. Jakob Hühnlein war nach Kanada ausgewandert und Ludwig Sparr nach Australien. Aber sie fand euch. Was hat sie dann mit euch getan?

DIE BEIDEN: Sie gab uns Toby und Roby. Sie gab uns Roby und 15 Toby.

DER BUTLER: Und was haben Toby und Roby mit euch gemacht?

DIE BEIDEN: Kastriert und geblendet, kastriert und geblendet.

DER BUTLER: Dies ist die Geschichte: Ein Richter, ein Angeklagter, zwei falsche Zeugen, ein Fehlurteil im Jahre 1910. Ist 20 es nicht so, Klägerin?

Claire Zachanassian steht auf.

CLAIRE ZACHANASSIAN: Es ist so.

ILL *stampft auf den Boden*: Verjährt, alles verjährt! Eine alte, verrückte Geschichte. 25

DER BUTLER: Was geschah mit dem Kind, Klägerin?

CLAIRE ZACHANASSIAN *leise*: Es lebte ein Jahr.

DER BUTLER: Was geschah mit Ihnen?

CLAIRE ZACHANASSIAN: Ich wurde eine Dirne.

DER BUTLER: Weshalb? 30

CLAIRE ZACHANASSIAN: Das Urteil des Gerichts machte mich dazu.

DER BUTLER: Und nun wollen Sie Gerechtigkeit, Claire Zachanassian?

CLAIRE ZACHANASSIAN: Ich kann sie mir leisten. Eine Milliarde für Güllen, wenn jemand Alfred Ill tötet. 35

57

1. *stürzt ... zu: stürzen* to tumble, crash, fall; *der Sturz, ̈e* tumble, crash, fall; *zu-stürzen auf* to rush at · *umklammert: klammern* to fasten, clasp; *sich klammern an* to cling to; *die Klammer, -n* clamp, clasp; *umklammern* to clasp

4. *längst: lang* long; *die Länge, -n* length; duration; *(adv.) längst* long since, long ago

8. *Verrat: verraten* to betray; *der Verrat* betrayal; *der Verräter, -* betrayer, traitor

9. *verkommen: kommen, a, o* to come; *verkommen* to come down in the world · *der Chirurg, -en, -en* surgeon · *zerfleischt: das Fleisch* flesh, meat; *zerfleischen* to lacerate

10. *abrechnen: rechnen* to count; *die Rechnung, -en* account, bill, calculation; *ab-rechnen* to settle accounts

12. *eben* just now

13. *Vergänglichkeit: vergehen, i, a* to pass; *vergangen* past, gone by; *die Vergänglichkeit* transitoriness

16. *würdig: die Würde, -n* dignity; *würdig* dignified

18. *der Heide, -n, -n* heathen

20. *blutbefleckt: der Fleck, -e* spot, stain; *beflecken* to spot, stain; *das Blut* blood; *blutbefleckt* stained with blood

Totenstille. Frau Ill stürzt auf Ill zu, umklammert ihn.

FRAU ILL: Fredi!

ILL: Zauberhexchen! Das kannst du doch nicht fordern! Das
Leben ging doch längst weiter!

CLAIRE ZACHANASSIAN: Das Leben ging weiter, aber ich habe 5
nichts vergessen, Ill. Weder den Konradsweilerwald, noch die
Petersche Scheune, weder die Schlafkammer der Witwe Boll,
noch deinen Verrat. Nun sind wir alt geworden beide, du
verkommen und ich von den Messern der Chirurgen zerfleischt, und jetzt will ich, daß wir abrechnen beide: Du hast 10
dein Leben gewählt und mich in das meine gezwungen. Du
wolltest, daß die Zeit aufgehoben würde, eben, im Wald
unserer Jugend, voll von Vergänglichkeit. Nun habe ich sie
aufgehoben, und nun will ich Gerechtigkeit, Gerechtigkeit
für eine Milliarde. 15

Der Bürgermeister steht auf, bleich, würdig.

DER BÜRGERMEISTER: Frau Zachanassian: Noch sind wir in
Europa, noch sind wir keine Heiden. Ich lehne im Namen
der Stadt Güllen das Angebot ab. Im Namen der Menschlichkeit. Lieber bleiben wir arm denn blutbefleckt. 20

Riesiger Beifall.

CLAIRE ZACHANASSIAN: Ich warte.

1. *angedeutet: an-deuten*   to indicate; to suggest; *nur angedeutet*   only suggested
2. *verlotterte: lottern*   to loaf about; *die Lotterei, -en*   laziness, slovenliness;
   verlottert   gone to ruin · *Jugendstilfassade: die Fassade, -n*   façade; *der Jugendstil*
   a style of art which was fashionable around 1900
3. *Handlung: handeln*   to act; *handeln mit*   to trade with; *der Handel*   trade;
   die Handlung, -en   action; business; store
4. *Ladentisch: der Tisch, -e*   table; *der Laden, ⁼e*   shop; *der Ladentisch, -e*   *lit.* shop
   table, i.e. counter
5. *fingierte: fingieren*   to simulate, pretend; *fingiert*   imaginary, assumed
8. *Beerdigung: die Erde*   earth; *beerdigen*   to bury; *die Beerdigung, -en*   funeral
13. *die = die Kränze*
15. *schüchtert ... ein: schüchtern*   shy; *ein-schüchtern*   to intimidate
16. *steht zu mir*   stands with me, i.e. is on my side
19. *Sie bleibe oben, sie sei müde*   subjunctive, indirect discourse
24. *feudal*   feudal; lavish; *wir wollen es feudal haben*   *lit.* we want to have it
   feudally, i.e. we want to be lavish

ZWEITER AKT

DAS STÄDTCHEN. NUR ANGEDEUTET. IM HINTERGRUND DAS HOTEL *zum goldenen Apostel. Von außen. Verlotterte Jugendstilfassade. Balkon. Rechts eine Inschrift: Alfred Ill, Handlung. Darunter ein schmutziger Ladentisch, dahinter ein Regal mit alten Waren. Wenn jemand durch die fingierte Ladentüre kommt, ertönt eine dünne* 5 *Glocke. Links Inschrift: Polizei. Darunter ein Holztisch mit einem Telephon. Zwei Stühle. Es ist Morgen. Roby und Toby tragen von links kaugummikauend Kränze, Blumen wie zu einer Beerdigung über die Bühne nach hinten ins Hotel. Ill schaut ihnen durchs Fenster zu. Seine Tochter fegt auf den Knien den Boden. Sein Sohn steckt eine* 10 *Zigarette in den Mund.*

ILL: Kränze.

DER SOHN: Jeden Morgen bringen sie die vom Bahnhof.

ILL: Für den leeren Sarg im goldenen Apostel.

DER SOHN: Schüchtert niemand ein. 15

ILL: Das Städtchen steht zu mir.

Der Sohn zündet die Zigarette an.

ILL: Kommt die Mutter zum Frühstück?

DIE TOCHTER: Sie bleibe oben, sie sei müde.

ILL: Eine gute Mutter habt ihr, Kinder. Wirklich. Ich muß es 20 einmal sagen. Eine gute Mutter. Sie soll oben bleiben, sie soll sich schonen. Dann frühstücken *wir* miteinander. Das haben wir schon lange nicht getan. Ich stifte Eier und eine Büchse amerikanischen Schinken. Wir wollen es feudal haben. Wie in den guten Zeiten, als noch die Platz-an-der-Sonnehütte florierte. 25

61

5. *Ersatz: ersetzen* to replace, substitute; *der Ersatz* replacement
6. *Bahnarbeit: arbeiten* to work; *die Arbeit, -en* work; *die Bahn* railroad; *die Bahnarbeit* work on the railroad · *prallen: prall* tight; taut; plump, well-rounded; *in der prallen Sonne* in the full glare of the sun
13. *Arbeitsamt: das Amt, ̈er* office; bureau; *das Arbeitsamt* Employment Agency; cf. *das Postamt* post office; *das Auswärtige Amt* Foreign Office
16. *her* hither; *von … her* from the direction of · *dringen: dringen, a, u* to urge, press forward; penetrate
18. *herüber (adv. and sep. prefix,* indicating movement across something as seen by the person approached) over, to this side, across; *herüber-reichen* to hand over, pass
20. *Verlobungsblumen: die Blume, -n* flower; *die Verlobung, -en* engagement
23. *Hofbauer* proper name, also term for a farmer who owns his farm; *der Bauer, -n, -n* farmer; *der Hof, ̈e* farm
28. *schreibens auf = schreiben Sie es auf: auf-schreiben, ie, ie* lit. to write up, i.e. to charge

DER SOHN: Du mußt mich entschuldigen.

Er drückt die Zigarette aus.

ILL: Du willst nicht mit uns essen, Karl?

DER SOHN: Ich gehe zum Bahnhof. Ein Arbeiter ist krank. Die
brauchen vielleicht Ersatz.

ILL: Bahnarbeit in der prallen Sonne ist keine Beschäftigung
für meinen Jungen.

DER SOHN: Besser eine als keine.

Er geht davon. Die Tochter steht auf.

DIE TOCHTER: Ich gehe auch, Vater.

ILL: Du auch. So. Wohin denn, wenn ich das Fräulein Tochter
fragen darf?

DIE TOCHTER: Aufs Arbeitsamt. Vielleicht gibt es eine Stelle.

Die Tochter geht davon. Ill ist gerührt, niest in sein Taschentuch.

ILL: Gute Kinder, brave Kinder.

Vom Balkon her dringen einige Guitarrentakte.

DIE STIMME CLAIRE ZACHANASSIANS: Reich mir mein linkes Bein
herüber, Boby.

DIE STIMME DES BUTLERS: Ich kann es nicht finden.

DIE STIMME CLAIRE ZACHANASSIANS: Hinter den Verlobungsblumen auf der Kommode.

Zu Ill kommt der erste Kunde [DER ERSTE].

ILL: Guten Morgen, Hofbauer.

DER ERSTE: Zigaretten.

ILL: Wie jeden Morgen.

DER ERSTE: Nicht die, möchte die Grünen.

ILL: Teurer.

DER ERSTE: Schreibens auf.

ILL: Weil Sie es sind, Hofbauer, und weil wir zusammenhalten
müssen.

DER ERSTE: Da spielt jemand Guitarre.

2. *Angelruten: die Rute, -n* rod; *angeln* to fish; *die Angel, -n* fishing tackle; *die Angelrute, -n* fishing rod; cf. *die Fischrute, -n* fishing rod

6. *hol: holen* to fetch, get; *hole Euch der Teufel* lit. may the devil fetch you, i.e. to hell with you

13. *wirds = wird es: werden, u, o* to become; to come to be, grow, turn out; come into existence · *Riesenhochzeit: die Hochzeit, -en* wedding; *der Riese, -n, -n* giant; *riesig* gigantic, enormous; cf. *die Riesenaufgabe*

17. *gezupfte: zupfen* to pluck; cf. *die Zupfgeige, -n* guitar · *Folge: folgen* to follow; *die Folge, -n* succession, sequence; *in der Folge* in the following

18. *das Rezitativ* recitative *(mus.)*

19. *je nach dem Sinn der Texte* in each case according to the sense of the texts · *bald* soon; *bald Walzer, bald Nationalhymnen* now waltzes, now national anthems

21. *montiert* assembled (as of a piece of machinery)

22. *Volksweise: die Weise, -n* manner; habit; air *(mus.)*; *das Volk* folk, people; *die Volksweise, -n* popular air

26. *Ölflotte: die Flotte, -n* fleet; *das Öl* oil; *die Ölflotte, -n* fleet of oil tankers

27. *lohnte: lohnen* to remunerate, recompense; to be worth; *der Lohn, ⸚e* recompense; *da lohnte sich eine Ehe noch* then marriage was still worth while

28. *Lehrmeister: der Meister, -* master; *lehren* to teach; *der Lehrmeister, -* teacher; *der Tanzmeister* dancing master

29. *bewandert in* experienced in · *abgeguckt: jemandem etwas ab-gucken* to learn something by watching someone else do it

ILL: Einer der Gangster aus Sing-Sing.

Aus dem Hotel kommen die beiden Blinden, Angelruten und andere zum Fischen nötige Utensilien tragend.

DIE BEIDEN: Einen schönen Morgen, Alfred, einen schönen Morgen.

ILL: Hol euch der Teufel.

DIE BEIDEN: Wir gehen fischen, wir gehen fischen.

Sie ziehen nach links davon.

DER ERSTE: Gehen zum Güllenbach.

ILL: Mit den Fischruten ihres siebenten Mannes.

DER ERSTE: Soll seine Tabaksplantagen verloren haben.

ILL: Gehören nun auch der Milliardärin.

DER ERSTE: Dafür wirds eine Riesenhochzeit mit ihrem Achten. Gestern wurde Verlobung gefeiert.

Auf dem Balkon im Hintergrund kommt Claire Zachanassian, im Morgenrock. Bewegt die rechte Hand, das linke Bein. Dazu vielleicht einzelne auf der Guitarre gezupfte Klänge, die in der Folge diese Balkonszenen begleiten, ein wenig wie beim Rezitativ einer Oper, je nach dem Sinn der Texte, bald Walzer, bald Fetzen verschiedener Nationalhymnen usw.

CLAIRE ZACHANASSIAN: Ich bin wieder montiert. Die armenische Volksweise, Roby.

Eine Guitarrenmelodie.

CLAIRE ZACHANASSIAN: Zachanassians Lieblingsstück. Er wollte es immer hören. Jeden Morgen. Er war ein klassischer Mann, der alte Finanzriese mit seiner unermeßlichen Ölflotte und seinen Rennställen, besaß noch Milliarden. Da lohnte sich eine Ehe noch. War ein großer Lehr- und Tanzmeister, bewandert in sämtlichen Teufeleien, habe ihm alles abgeguckt.

Zwei Frauen kommen. Sie geben Ill die Milchkessel.

DIE ERSTE FRAU: Milch, Herr Ill.

65

5. *Vollmilch: die Milch* milk; *die Vollmilch* full-cream milk
10. *Herbstmorgen: der Morgen, -* morning; *der Herbst, -e* autumn
12. *veilchenblau: das Veilchen, -* violet; *blau* blue · *Graf: der Graf, -en, -en* count·
 pinselte: der Pinsel, - (paint-)brush; *pinseln* to paint
13. *der Außenminister* Foreign Secretary
15. *umständlich: der Umstand, ⸚e* circumstance; condition, situation; fuss, bother;
 formality; ceremony; *umständlich* fussy; ceremonious
18. *Kilo* kilogram
19. *wohl geerbt* = *Sie haben wohl geerbt: erben* to inherit, come into an inheritance
29. *Winston* name of a cigar
30. *probieren* to try

DIE ZWEITE FRAU: Mein Kessel, Herr Ill.

ILL: Schönen guten Morgen. Einen Liter Milch für jede der Damen.

Er öffnet einen Milchkessel und will Milch schöpfen.

DIE ERSTE FRAU: Vollmilch, Herr Ill.

DIE ZWEITE FRAU: Zwei Liter Vollmilch, Herr Ill.

ILL: Vollmilch.

Er öffnet einen anderen Kessel, schöpft Milch.

Sie betrachtet den Morgen durch ihr Lorgnon.

CLAIRE ZACHANASSIAN: Ein schöner Herbstmorgen. Leichter Nebel in den Gassen, ein silbriger Rauch, und darüber ein veilchenblauer Himmel wie ihn Graf Holk pinselte, mein Dritter, der Außenminister, beschäftigte sich mit der Malerei in den Ferien. Sie war scheußlich.

Sie setzt sich umständlich.

CLAIRE ZACHANASSIAN: Der ganze Graf war scheußlich.

DIE ERSTE FRAU: Und Butter. Zweihundert Gramm.

DIE ZWEITE FRAU: Und Weißbrot. Zwei Kilo.

ILL: Wohl geerbt, die Damen, wohl geerbt.

DIE BEIDEN FRAUEN: Schreibens auf.

ILL: Alle für einen, einer für alle.

DIE ERSTE FRAU: Noch Schokolade für zwei zwanzig.

DIE ZWEITE FRAU: Vier vierzig.

ILL: Auch aufschreiben?

DIE ERSTE FRAU: Auch.

DIE ZWEITE FRAU: Die essen wir hier, Herr Ill.

DIE ERSTE FRAU: Bei Ihnen ist es am schönsten, Herr Ill.

Sie setzen sich in den Hintergrund des Ladens und essen Schokolade.

CLAIRE ZACHANASSIAN: Eine Winston. Ich will doch einmal die Sorte meines siebenten Gatten probieren, jetzt wo er geschie-

1. *Fischleidenschaft: die Leidenschaft, -en* passion; *fischen* to fish
4. *schmaucht: schmauchen* to smoke, puff
6. *sündhaft: die Sünde, -n* sin; *der Sünder, -* sinner; *sündhaft* sinfully
7. *angesichts* in the face of
9. *schmeckt: schmecken* to taste; *der Geschmack, ⁻e* taste; flavor
11. *verrechnet: rechnen* to calculate; *die Rechnung, -en* calculation; bill; *sich verrechnen* to miscalculate
12. *Jugendstreich: der Streich, -e* stroke; prank; *die Jugend* youth
15. *wars = war es*
16. *pure* straight
20. *Schönwetterperiode: die Periode, -n* period; *das Wetter* weather; *schön* beautiful
21. *die Kundschaft = viele Kunden*
22. *strömts = strömt es: strömen* to stream; *es strömt* lit. it streams, i.e. there is a run (of customers)
23. *felsenfest: fest* fast, firm; *der Felsen, -* rock; *felsenfest* firm as a rock

den ist, der arme Moby mit seiner Fischleidenschaft. Traurig
wird er im D-Zug nach Portugal sitzen.

Der Butler reicht ihr eine Zigarre, gibt ihr Feuer.

DER ERSTE: Da sitzt sie auf ihrem Balkon und schmaucht ihre
Zigarre. 5

ILL: Immer sündhaft teure Sorten.

DER ERSTE: Verschwendung. Sollte sich schämen angesichts
einer verarmten Menschheit.

CLAIRE ZACHANASSIAN *rauchend*: Merkwürdig. Schmeckt anständig. 10

ILL: Sie hat sich verrechnet. Ich bin ein alter Sünder, Hofbauer,
wer ist dies nicht. Es war ein böser Jugendstreich, den ich ihr
spielte, doch wie da alle den Antrag abgelehnt haben, die
Güllener im goldenen Apostel, einmütig, trotz dem Elend,
wars die schönste Stunde in meinem Leben. 15

CLAIRE ZACHANASSIAN: Whisky, Boby. Pure.

*Ein zweiter Kunde kommt, verarmt und verrissen, wie alle [DER
ZWEITE].*

DER ZWEITE: Guten Morgen. Wird heiß werden heute.

DER ERSTE: Die Schönwetterperiode dauert an. 20

ILL: Eine Kundschaft habe ich diesen Morgen. Sonst die ganze
Zeit niemand und nun strömts seit einigen Tagen.

DER ERSTE: Wir stehen eben zu ihnen. Zu *unserem* Ill. Felsenfest.

DIE FRAUEN *Schokolade essend*: Felsenfest, Herr Ill, felsenfest.

DER ZWEITE: Du bist schließlich die beliebteste Persönlichkeit. 25

69

3. *todsicher: sicher* sure, safe; *der Tod* death; *todsicher* sure as death

6. *das Regal* shelf; *in das Regal greifen, i, i* to reach into the shelf

10. *drei zehn*; 14. *zwanzig fünfunddreißig.* These are prices. Note that the author does not name the currency (marks and pfennigs, francs and centimes, etc.) and hence does not place the scene of the action in any particular country.

15. *gönnen: gönnen* not to envy, not to grudge, allow, grant; *der Gönner, -* patron, protector; *sich etwas gönnen* lit. to grant oneself something, i.e. not to be stingy with oneself

16. *hinterher* behind

18. *treibt: treiben, ie, ie* to drive; to set in motion; to carry on; *wie es die Luise treibt* the way Luise is carrying on

19. *dabei* and all the while

26. *rechnet ... zusammen: rechnen* to calculate; *die Rechnung, -en* calculation; bill; *zusammen-rechnen* to count up, add up

DER ERSTE: Die wichtigste.
DER ZWEITE: Wirst im Frühling zum Bürgermeister gewählt.
DER ERSTE: Todsicher.
DIE FRAUEN *Schokolade essend*: Todsicher, Herr Ill, todsicher.
DER ZWEITE: Schnaps.
Ill greift ins Regal.

Der Butler serviert Whisky.
CLAIRE ZACHANASSIAN: Wecke den Neuen. Ich habe es nicht
gern, wenn meine Männer so lange schlafen.

ILL: Drei zehn.
DER ZWEITE: Nicht den.
ILL: Den trankst du doch immer.
DER ZWEITE: Kognak.
ILL: Kostet zwanzig fünfunddreißig. Kann sich niemand leisten.
DER ZWEITE: Man muß sich auch etwas gönnen.

Über die Bühne rast ein fast halbnacktes Mädchen, Toby hinterher.
DIE ERSTE FRAU *Schokolade essend*: Ein Skandal, wie's die Luise
treibt.
DIE ZWEITE FRAU *Schokolade essend*: Dabei ist sie doch mit dem
blonden Musiker verlobt von der Bertold Schwarz-Straße.
Ill nimmt den Kognak herunter.
ILL: Bitte.
DER ZWEITE: Und Tabak. Für die Pfeife.
ILL: Schön.
DER ZWEITE: Import.
Ill rechnet alles zusammen.

Auf den Balkon kommt der Gatte VIII, *Filmschauspieler, groß,*

4. *Jungverlobte: sich verloben mit*   to become engaged to; *der, die Verlobt-* engaged person; *jungverlobt*   newly engaged; *Jungverlobte*   newly engaged people

5. *plätschernder: plätschern*   to splash · *Rathausbrunnen: der Brunnen.* -   well; fountain; *das Rathaus, ⁻er*   city hall; *der Rathausbrunnen* = *der Brunnen vor dem Rathaus*

6. *quer über*   across

10. *Stärke: die Stärke*   strength; *stark*   strong; *nicht deine Stärke*   lit. not your strength, i.e. not your strong point

14. *der Wilderer*   poacher (here a character in a movie based on a book by Ludwig Ganghofer, a popular German writer, 1855–1920)

16. *der Priester*   priest (here a character in a movie based on a book by the English novelist Graham Greene, born 1904)

18. *eben*   just, simply

19. *spuckt aus: aus-spucken*   to spit out, spit

23. *schreibs auf* = *schreibe es auf*

24. *doch daß du* ...   be sure that you

26. *fällig*   due

28. *Helmesberger*   proper name

*schlank, roter Schnurrbart, im Morgenrock. Er kann vom gleichen
Schauspieler dargestellt werden wie Gatte VII.*

GATTE VIII: Hopsi, ist es nicht wundervoll: unser erstes Frühstück
als Jungverlobte. Wie ein Traum. Ein kleiner Balkon, eine
rauschende Linde, ein plätschernder Rathausbrunnen, einige 5
Hühner, die quer über das Pflaster rennen, irgendwo schwat-
zende Hausfrauen mit ihren kleinen Sorgen und hinter den
Dächern der Turm des Münsters!

CLAIRE ZACHANASSIAN: Setz dich, Hoby, rede nicht. Die Landschaft seh ich selber und Gedanken sind nicht deine Stärke. 10

DER ZWEITE: Nun sitzt auch der Gatte da oben.

DIE ERSTE FRAU *Schokolade essend*: Der achte.

DIE ZWEITE FRAU *Schokolade essend*: Ein schöner Mann, ein
Filmschauspieler. Meine Tochter sah ihn den Wilderer
spielen in einem Ganghoferfilm. 15

DIE ERSTE FRAU: Und ich den Priester in einem Graham Greene.

Claire Zachanassian wird von Gatte VIII geküßt. Guitarrenakkord.

DER ZWEITE: Für Geld kann man eben alles haben.
Er spuckt aus.

DER ERSTE: Nicht bei uns. 20
Er schlägt mit der Faust auf den Tisch.

ILL: Dreiundzwanzig achtzig.

DER ZWEITE: Schreibs auf.

ILL: Diese Woche will ich eine Ausnahme machen, doch daß du
mir am ersten zahlst, wenn die Arbeitslosenunterstützung 25
fällig ist.
Der Zweite geht zur Türe.

ILL: Helmesberger!
Er bleibt stehen. Ill kommt zu ihm.

73

5. *grauenerfüllt: das Grauen* horror; *füllen* to fill; *erfüllt* filled
11. *ließens = ließen es*
13. *ließets = ließet es · ihrs = ihr es*
15. *auf einmal* suddenly
24. *Kleinstadtleben: leben* to live; *das Leben* life; *die Kleinstadt,* ⸚*e* small town
25. *scheint = es scheint · los* loose; free, released; *etwas ist los* something is the matter
26. *man wird sich ... streiten* future construction to indicate probability; they are probably fighting ...
29. *Um Gotteswillen!* For heaven's sake!
30. *fauchte: fauchen* to hiss (as of cats)
32. *Pascha von Marrakesch* Pasha of Marrakesh (Pasha is a Turkish title; Marrakesh is the ancient capital of Morocco)

ILL: Du hast neue Schuhe. Gelbe neue Schuhe.

DER ZWEITE: Nun?

Ill blickt nach den Füßen des Ersten.

ILL: Auch du, Hofbauer. Auch du hast neue Schuhe.

Er blickt nach den Frauen, geht zu ihnen, langsam, grauenerfüllt. 5

ILL: Auch ihr. Neue gelbe Schuhe. Neue gelbe Schuhe.

DER ERSTE: Ich weiß nicht, was du daran findest.

DER ZWEITE: Man kann doch nicht ewig in den alten Schuhen herumlaufen.

ILL: Neue Schuhe. Wie konntet ihr neue Schuhe kaufen? 10

DIE FRAUEN: Wir ließens aufschreiben, Herr Ill, wir ließens aufschreiben.

ILL: Ihr ließets aufschreiben. Auch bei mir ließet ihrs aufschreiben. Besseren Tabak, bessere Milch, Kognak. Warum habt ihr denn auf einmal Kredit in den Geschäften? 15

DER ZWEITE: Bei dir haben wir ja auch Kredit.

ILL: Womit wollt ihr zahlen?

Schweigen. Er beginnt die Kundschaft mit Waren zu bewerfen. Alle flüchten.

ILL: Womit wollt ihr zahlen? Womit wollt ihr zahlen? Womit? 20 Womit?

Er stürzt nach hinten.

GATTE VIII: Lärm im Städtchen.

CLAIRE ZACHANASSIAN: Kleinstadtleben.

GATTE VIII: Scheint etwas los zu sein im Laden da unten. 25

CLAIRE ZACHANASSIAN: Man wird sich um den Fleischpreis streiten.

Starker Guitarrenakkord. Gatte VIII springt entsetzt auf.

GATTE VIII: Um Gotteswillen, Hopsi! Hast du gehört?

CLAIRE ZACHANASSIAN: Der schwarze Panther. Er fauchte. 30

GATTE VIII *verwundert*: Ein schwarzer Panther?

CLAIRE ZACHANASSIAN: Vom Pascha von Marrakesch. Ein Ge-

1. *nebenan* close by, next door
2. *funkelnden: der Funke(n)* spark; *funkeln* to sparkle; *funkelnd* sparkling
9. *Verhaftung: verhaften* to arrest; *die Verhaftung, -en* arrest
10. *stopft: stopfen* to cram, stop up; *sich eine Pfeife stopfen* to fill a pipe for oneself · *zündet ... an: an-zünden* to light, ignite
12. *Morgenessen = das Frühstück*
13. *zukünftig: die Zukunft* future; *zukünftig* future
14. *Rauchwolken: die Wolke, -n* cloud; *der Rauch* smoke · *paffend: paffen* to puff
15. *vorgenommen: vor-nehmen, a, o* to undertake
17. *das heißt: heißen, ie, ei* to be called; *das heißt* that is to say · *anzeigen: zeigen* to show, point out; *an-zeigen* to report (to the police)
19. *verbrochen: etwas verbrechen, a, o* to commit a crime; *das Verbrechen, -* crime; *der Verbrecher, -* criminal
20. *fordert ... auf: auf-fordern* to call upon
22. *schenkt ... ein: ein-schenken* to pour in, fill; *er schenkt sich Bier ein* he pours himself a beer

schenk. Läuft nebenan im Salon herum. Ein großes, böses Kätzchen mit funkelnden Augen. Liebe es sehr.

An den Tisch links setzt sich der Polizist. Trinkt Bier. Er spricht langsam und bedächtig. Von hinten kommt Ill.

CLAIRE ZACHANASSIAN: Du kannst servieren, Boby.   5

DER POLIZIST: Was wünschen Sie, Ill? Nehmen Sie Platz.
Ill bleibt stehen.
DER POLIZIST: Sie zittern.
ILL: Ich verlange die Verhaftung der Claire Zachanassian.
Der Polizist stopft sich eine Pfeife, zündet sie gemächlich an.   10
DER POLIZIST: Merkwürdig. Äußerst merkwürdig.

Der Butler serviert das Morgenessen, bringt die Post.

ILL: Ich verlange es als der zukünftige Bürgermeister.
DER POLIZIST, *Rauchwolken paffend*: Die Wahl ist noch nicht
vorgenommen.   15
ILL: Verhaften Sie die Dame auf der Stelle.
DER POLIZIST: Das heißt, Sie wollen die Dame anzeigen. Ob
sie dann verhaftet wird, entscheidet die Polizei. Hat sie was
verbrochen?
ILL: Sie fordert die Einwohner unserer Stadt auf, mich zu töten. 20
DER POLIZIST: Und nun soll ich die Dame einfach verhaften.
Er schenkt sich Bier ein.

77

1. *Ike* = Eisenhower · *Neru* = Nehru, Indian statesman · *lassen gratulieren:*
   gratulieren to congratulate; *gratulieren lassen* to send congratulations
9. *gegen* in exchange for
10. *stimmt: stimmen* to tune; to agree (with); to be correct; *das stimmt* that is
    correct · *dabei: dabei sein* to be present
11. *ist ... kein Grund geschaffen* lit. no reason has been created, i.e. no reason
    has been advanced
12. *einzuschreiten: ein-schreiten, i, i gegen* to take action against
14. *Anstiftung: an-stiften* to incite; *die Anstiftung, -en* incitement
16. *liegt ... vor: vor-liegen, a, e* to be in front of; to be submitted; to exist
19. *eben* precisely
20. *übertrieben: übertreiben, ie, ie* to exaggerate; *die Übertreibung, -en* exaggeration
21. *zugeben: zu-geben, a, e* to admit
22. *da können Sie Gift darauf nehmen* lit. you can take poison on that, i.e. you
    can bet your sweet life
26. *kapiert: kapieren (slang)* to understand; *(haben Sie) kapiert?* get it?
33. *Windeseile: eilen* to speed; *die Eile* speed; *der Wind* wind; *in Windeseile*
    with the speed of wind

CLAIRE ZACHANASSIAN: Die Post. Ike schreibt. Neru. Sie lassen gratulieren.

ILL: Ihre Pflicht.

DER POLIZIST: Merkwürdig. Äußerst merkwürdig.

Er trinkt Bier.

ILL: Die natürlichste Sache der Welt.

DER POLIZIST: Lieber Ill, so natürlich ist die Sache nicht. Untersuchen wir den Fall nüchtern. Die Dame machte der Stadt Güllen den Vorschlag, Sie gegen eine Milliarde – Sie wissen ja, was ich meine. Das stimmt, ich war dabei. Doch damit ist für die Polizei noch kein Grund geschaffen, gegen Frau Claire Zachanassian einzuschreiten. Wir sind schließlich an die Gesetze gebunden.

ILL: Anstiftung zum Mord.

DER POLIZIST: Passen Sie mal auf, Ill. Eine Anstiftung zum Mord liegt nur dann vor, wenn der Vorschlag, Sie zu ermorden, ernst gemeint ist. Das ist doch klar.

ILL: Meine ich auch.

DER POLIZIST: Eben. Nun kann der Vorschlag nicht ernst gemeint sein, weil der Preis von einer Milliarde übertrieben ist, das müssen Sie doch selber zugeben, für so was bietet man tausend oder vielleicht zweitausend, mehr bestimmt nicht, da können Sie Gift darauf nehmen, was wiederum beweist, daß der Vorschlag nicht ernst gemeint war, und sollte er ernst gemeint sein, so kann die Polizei die Dame nicht ernst nehmen, weil sie dann verrückt ist: Kapiert?

ILL: Der Vorschlag bedroht *mich*, Polizeiwachtmeister, ob die Dame nun verrückt ist oder nicht. Das ist doch logisch.

DER POLIZIST: Unlogisch. Sie können nicht durch einen Vorschlag bedroht werden, sondern nur durch das Ausführen eines Vorschlags. Zeigen Sie mir einen wirklichen Versuch, diesen Vorschlag auszuführen, etwa einen Mann, der ein Gewehr auf Sie richtet, und ich komme in Windeseile. Doch

79

1. *gerade*   just, precisely · *im Gegenteil: das Gegenteil, -e*   opposite; *im Gegenteil* on the contrary
2. *Kundgebung: geben, a, e*   to give; *kund*   *(indeclinable pred. adj.)* known, public; *kund-geben*   to make known, proclaim; *die Kundgebung, -en*   demonstration, rally · *eindrucksvoll: der Eindruck,* ⁻ᵉ   impression (cf. *der Ausdruck,* ⁻ᵉ expression); *eindrucksvoll*   impressive
3. *nachträglich*   belatedly
9. *freuen: die Freude, -n*   joy; *sich freuen*   to rejoice, be glad · *doch*   used as an intensifier
12. *aufkaufen: kaufen*   to buy; *der Käufer, -*   buyer; *auf-kaufen*   to buy up
24. *Pilsener Bier*   famous beer from the town of Pilsen
25. *es schmeckt = es schmeckt gut*
26. *hiesige = das hiesige Bier; hiesig*   local

gerade diesen Vorschlag will ja niemand ausführen, im Gegenteil. Die Kundgebung im goldenen Apostel war äußerst eindrucksvoll. Ich muß Ihnen nachträglich gratulieren.

Er trinkt Bier.

ILL: Ich bin nicht so ganz sicher, Polizeiwachtmeister.   5

DER POLIZIST: Nicht so ganz sicher?

ILL: Meine Kunden kaufen bessere Milch, besseres Brot, bessere
Zigaretten.

DER POLIZIST: Freuen Sie sich doch! Ihr Geschäft geht ja dann
besser.   10

Er trinkt Bier.

CLAIRE ZACHANASSIAN: Laß die Dupont-Aktien aufkaufen, Boby.

ILL: Kognak kaufte Helmesberger bei mir. Dabei verdient er
seit Jahren nichts und lebt von der Suppenanstalt.

DER POLIZIST: Den Kognak werde ich heute abend probieren.   15
Ich bin bei Helmesberger eingeladen.

Er trinkt Bier.

ILL: Alle tragen neue Schuhe. Neue gelbe Schuhe.

DER POLIZIST: Was Sie nur gegen neue Schuhe haben. Ich trage
schließlich auch neue Schuhe.   20

Er zeigt seine Füße.

ILL: Auch Sie.

DER POLIZIST: Sehn Sie.

ILL: Auch gelbe. Und trinken Pilsener Bier.

DER POLIZIST: Es schmeckt.   25

ILL: Vorher haben Sie das hiesige getrunken.

DER POLIZIST: War gräßlich.

Radiomusik.

ILL: Hören Sie.

DER POLIZIST: Nun?   30

ILL: Musik.

1. *Die lustige Witwe* operetta by Franz Lehár
3. *Hagholzer* proper name
14. *einverstanden* in agreement; *das Einverständnis, -(ss)e* agreement
15. *in Ordnung: ordnen* to put in order; *die Ordnung, -en* order; *in Ordnung* in order; all right
16. *legt ... auf: auf-legen* to put on, apply; *das Telephon auf-legen* to hang up
18. *geht ... an: an-gehen, i, a (with acc.)* to concern
23. *steigt: steigen, ie, ie* to climb; to increase
24. *Wohlstand: der Stand* condition; *das Wohl* well-being; *der Wohlstand* prosperity · *Notwendigkeit: notwendig* necessary; *die Notwendigkeit, -en* necessity
28. *fabeln: die Fabel, -n* fable; *fabeln* to invent stories

DER POLIZIST: Die lustige Witwe.

ILL: Ein Radio.

DER POLIZIST: Beim Hagholzer nebenan. Er sollte das Fenster schließen.

Er notiert in sein Büchlein.

ILL: Wie kommt Hagholzer zu einem Radio?

DER POLIZIST: Seine Angelegenheit.

ILL: Und Sie, Polizeiwachtmeister, womit wollen Sie Ihr Pilsener Bier bezahlen und Ihre neuen Schuhe?

DER POLIZIST: Meine Angelegenheit.

Das Telephon auf dem Tisch klingelt. Der Polizist nimmt es ab.

DER POLIZIST: Polizeiposten Güllen.

CLAIRE ZACHANASSIAN: Telephoniere den Russen, Boby, ich sei mit ihrem Vorschlag einverstanden.

DER POLIZIST: In Ordnung.

Er legt das Telephon wieder auf.

ILL: Meine Kunden, womit sollen die bezahlen?

DER POLIZIST: Das geht die Polizei nichts an.

Er steht auf und nimmt das Gewehr von der Stuhllehne.

ILL: Aber mich gehts an. Denn mit mir werden sie zahlen.

DER POLIZIST: Kein Mensch bedroht Sie.

Er beginnt das Gewehr zu laden.

ILL: Die Stadt macht Schulden. Mit den Schulden steigt der Wohlstand. Mit dem Wohlstand die Notwendigkeit, mich zu töten. Und so braucht die Dame nur auf ihrem Balkon zu sitzen, Kaffee zu trinken, Zigarren zu rauchen und zu warten. Nur zu warten.

DER POLIZIST: Sie fabeln.

ILL: Ihr alle wartet.

Er klopft auf den Tisch.

DER POLIZIST: Sie haben zuviel Schnaps getrunken.

83

1. *hantiert: hantieren* to handle
2. *beruhigt: die Ruhe* calm, quiet, stillness; *beruhigen* to calm, pacify, soothe, set somebody's mind at rest; *er ist beruhigt* his mind is set at rest
6. *Verdacht: verdächtigen* to be suspicious of; *der Verdacht* suspicion; *der leiseste Verdacht* the slightest suspicion
7. *einschreiten: schreiten, i, i* to step, stride; *der Schritt, -e* step; *ein-schreiten, i, i* to step in, intervene · *verlassen: verlassen, ie, a* to leave; *sich verlassen, ie, a auf* to rely on; *der Verlaß* trustworthiness, trust; *verläßlich* reliable
13. *der Lauf des Gewehres* the barrel of the gun
15. *Hirngespinste: spinnen, a, o* to spin; *das Gespinst, -e* web; *das Hirn* or *das Gehirn* brain; *das Hirngespinst, -e* fabric of the imagination, fancy, whim
16. *verschrobenen: verschroben* eccentric
17. *Schoßhündchen: der Hund, -e* dog; *der Schoß, ̈e* lap
22. *Modeschöpfer: schöpfen* to create; *der Schöpfer, -* creator; *die Mode, -n* fashion
23. *entwarf: entwerfen, a, o* to design
24. *das Menuett* minuet
29. *Western Railwaybesitzer: besitzen, a, e* to own; *der Besitzer, -* owner
32. *verführte ihn = ich verführte ihn; führen* to lead; *verführen* to lead astray; to seduce · *Buckinghampalast* Buckingham Palace

Er hantiert am Gewehr.

DER POLIZIST: So, nun ist es geladen. Sie können beruhigt sein. Die Polizei ist da, den Gesetzen Respekt zu verschaffen, für Ordnung zu sorgen, den Bürger zu schützen. Sie weiß, was ihre Pflicht ist. Sollte sich irgendwo und von irgendeiner Seite der leiseste Verdacht einer Bedrohung zeigen, wird sie einschreiten, Herr Ill, (darauf können Sie sich verlassen.)

ILL *leise*: Warum haben Sie dann einen Goldzahn im Mund, Polizeiwachtmeister?

DER POLIZIST: He?

ILL: Einen neuen blitzenden Goldzahn.

DER POLIZIST: Wohl verrückt?

Nun sieht Ill, daß der Lauf des Gewehres auf ihn gerichtet ist und hebt langsam die Hände.

DER POLIZIST: Habe keine Zeit über Ihre Hirngespinste zu disputieren, Mann. Muß gehen. Der verschrobenen Milliardärin ist das Schoßhündchen fortgelaufen. Der schwarze Panther. Muß ihn jagen.

Er geht nach hinten hinaus.

ILL: Mich jagt ihr, mich.

Claire Zachanassian liest einen Brief.

CLAIRE ZACHANASSIAN: Er kommt, der Modeschöpfer. Mein fünfter Mann, mein schönster Mann. Entwarf noch jedes meiner Hochzeitskleider. Ein Menuett, Roby.

Ein Guitarrenmenuett ertönt.

GATTE VIII: Aber dein fünfter war doch Chirurg.

CLAIRE ZACHANASSIAN: Mein sechster.

Sie öffnet einen weiteren Brief.

CLAIRE ZACHANASSIAN: Vom Western Railwaybesitzer.

GATTE VIII *erstaunt*: Von dem weiß ich gar nichts.

CLAIRE ZACHANASSIAN: Mein Vierter. Verarmt. Seine Aktien gehören mir. Verführte ihn im Buckinghampalast.

GATTE VIII: Das war doch Lord Ismael.

1. *recht* right; correct; *recht haben* to be right
4. *Sphinx* the Sphinx at Giza, Egypt, an image of a recumbent lion having a human head
6. *schafft ... fort: fort-schaffen* to remove
7. *verwendet: verwenden* to use; *die Verwendung, -en* use
9. *Bauplan: planen* to plan; *der Plan, ͧe* plan; *bauen* to build; *der Bauplan, ͧe* architectural blueprint
16. *klettert ... herum: klettern* to climb; *herum-klettern* to climb about · *bewaffnen: die Waffe, -n* weapon; *sich bewaffnen* to arm oneself
19. *aufgeboten: auf-bieten, o, o* to call up
21. *Aufwand: auf-wenden* to spend, expend (upon), devote (to); *der Aufwand* expense; expenditure; display
22. *Raubtierjagd: jagen* to hunt; *die Jagd* hunt; *der Jäger, -* hunter; *das Tier, -e* animal; *rauben* to steal, plunder, ravish; *das Raubtier, -e* predatory animal; *die Raubtierjagd* big-game hunt
24. *Weltbank* World Bank
29. *Leber: die Leber* liver; *frei von der Leber weg reden* to speak freely

CLAIRE ZACHANASSIAN: Tatsächlich. Du hast recht, Hoby. Vergaß ihn ganz mit seinem Schloß in Yorkshire. Dann ist es mein zweiter, der schreibt. Lernte ihn in Kairo kennen. Küßten uns unter der Sphinx. War ein eindrucksvoller Abend.

Rechts Verwandlung. Die Inschrift «Stadthaus» senkt sich herunter. 5
Der Dritte kommt, schafft die Ladenkasse fort, rückt den Ladentisch
etwas anders, der nun als Pult verwendet werden kann. Der Bür-
germeister kommt. Legt einen Revolver aufs Pult, setzt sich. Von
links kommt Ill. An der Wand hängt ein Bauplan.

ILL: Ich habe mit Ihnen zu reden, Bürgermeister. 10
DER BÜRGERMEISTER: Nehmen Sie Platz.
ILL: Von Mann zu Mann. Als Ihr Nachfolger.
DER BÜRGERMEISTER: Bitte.
Ill bleibt stehen, blickt auf den Revolver.

DER BÜRGERMEISTER: Der Panther der Frau Zachanassian ist los. 15
Er klettert in der Kathedrale herum. Da muß man sich be-
waffnen.
ILL: Gewiß.
DER BÜRGERMEISTER: Habe die Männer aufgeboten, die Gewehre
besitzen. Die Kinder werden in der Schule zurückbehalten. 20
ILL *mißtrauisch*: Ein etwas großer Aufwand.
DER BÜRGERMEISTER: Raubtierjagd.

Der Butler kommt.
DER BUTLER: Der Präsident der Weltbank, gnädige Frau. Eben
von New York hergeflogen. 25
CLAIRE ZACHANASSIAN: Ich bin nicht zu sprechen. Er soll wieder
zurückfliegen.

DER BÜRGERMEISTER: Was haben Sie auf dem Herzen? Reden Sie
frei von der Leber weg.

87

2. *Pegasus* name of a cigar
4. *anständig: der Anstand* decency; *anständig* decent, i.e. good
6. *Rößli fünf* name of a cigar
8. *allzustarker: stark* strong; *allzu-* much too
20. *allerneuste: neu* new; *allerneust-* newest; *das ist mir das allerneuste* that's the very newest, i.e. I never heard that before (that someone should complain about rising prosperity)
22. *Ei* exclamation
26. *wenden ... an: sich wenden an* to turn to; apply to
34. *verpflichten: die Pflicht, -en* duty; *die Verpflichtung, -en* obligation, duty, responsibility; *verpflichten* to oblige, bind; *diese Werte verpflichten* these values put one under an obligation

ILL *mißtrauisch*: Sie rauchen da eine gute Sorte.

DER BÜRGERMEISTER: Eine blonde Pegasus.

ILL: Ziemlich teuer.

DER BÜRGERMEISTER: Dafür anständig.

ILL: Vorher rauchten Herr Bürgermeister was anderes.

DER BÜRGERMEISTER: Rößli fünf.

ILL: Billiger.

DER BÜRGERMEISTER: Allzustarker Tabak.

ILL: Eine neue Krawatte.

DER BÜRGERMEISTER: Seide.

ILL: Und Schuhe haben Sie wohl auch gekauft?

DER BÜRGERMEISTER: Ich ließ sie von Kalberstadt kommen.
Komisch, woher wissen Sie das?

ILL: Deshalb bin ich gekommen.

DER BÜRGERMEISTER: Was ist denn los mit ihnen? Sehen bleich
aus. Krank?

ILL: Ich fürchte mich.

DER BÜRGERMEISTER: Fürchten?

ILL: Der Wohlstand steigt.

DER BÜRGERMEISTER: Das ist mir das allerneuste. Wäre erfreulich.

ILL: Ich verlange den Schutz der Behörde.

DER BÜRGERMEISTER: Ei. Wozu denn?

ILL: Das wissen der Herr Bürgermeister schon.

DER BÜRGERMEISTER: Mißtrauisch?

ILL: Für meinen Kopf ist eine Milliarde geboten.

DER BÜRGERMEISTER: Wenden Sie sich an die Polizei.

ILL: Ich war bei der Polizei.

DER BÜRGERMEISTER: Das wird Sie beruhigt haben.

ILL: Im Munde des Polizeiwachtmeisters blitzt ein neuer Goldzahn.

DER BÜRGERMEISTER: Sie vergessen, daß Sie sich in Güllen befinden. In einer Stadt mit humanistischer Tradition. Goethe
hat hier übernachtet, Brahms ein Quartett komponiert. Diese
Werte verpflichten.

Von links tritt ein Mann auf mit einer Schreibmaschine [DER DRITTE].

89

2. *Remington*   since this is an American make of typewriter, the implication is that it must be unusually expensive
7. *leid: leid*   painful, disagreeable; used only predicatively with *sein, tun, werden,* and *dat.: es tut mir leid* I am sorry; *er tut mir leid* I am sorry for him · *Zug: der Zug*   here trait
8. *der Rechtsstaat: der Staat, -en*   state; *das Recht, -e*   right; law; *der Rechtsstaat, -en* state founded on law and order
12. *Vorgehen: vor-gehen, i, a gegen*   to proceed against; *das Vorgehen, -*   proceedings, action
14. *Meineid: der Eid, -e*   oath; *der Meineid, -*   perjury · *angestiftet: an-stiften* to incite
15. *das Elend*   misery, wretchedness; *jemanden ins nackte Elend stoßen, ie, o* lit. to push somebody into naked wretchedness, i.e. to cast somebody into utter penury
16. *immerhin*   after all
24. *Frage: fragen*   to question; *die Frage, -n*   question; *in Frage kommen, a, o* lit. to come into question, i.e. to be considered
27. *im Auftrag: auf-tragen, u, a*   to lay on; to commission, charge with a duty; *der Auftrag, ⸚e*   commission, order, instruction; *im Auftrag*   by order
34. *Forderungen: fordern*   to demand; *die Forderung, -en*   demand; *eine Forderung stellen*   to make a demand · *sittlich: die Sitte, -n*   custom, habit; propriety; *(pl.)* manners, morals; *sittlich*   moral, ethical; *sittlicher Natur*   *(gen.)* of a moral nature

DER MANN: Die neue Schreibmaschine, Herr Bürgermeister. Eine Remington.

DER BÜRGERMEISTER: Ins Büro damit.

Der Mann nach rechts ab.

DER BÜRGERMEISTER: Wir verdienen Ihren Undank nicht. Wenn Sie kein Vertrauen in unsere Gemeinde zu setzen vermögen, tun Sie mir leid. Ich habe diesen nihilistischen Zug nicht erwartet. Wir leben schließlich in einem Rechtsstaat.

ILL: Dann verhaften Sie die Dame.

DER BÜRGERMEISTER: Merkwürdig. Äußerst merkwürdig.

ILL: Das hat der Polizeiwachtmeister auch gesagt.

DER BÜRGERMEISTER: Das Vorgehen der Dame ist, weiß Gott nicht ganz so unverständlich. Sie haben schließlich zwei Burschen zu Meineid angestiftet und ein Mädchen ins nackte Elend gestoßen.

ILL: Dieses nackte Elend bedeutet immerhin einige Milliarden, Bürgermeister.

Schweigen.

DER BÜRGERMEISTER: Reden wir ehrlich miteinander.

ILL: Ich bitte darum.

DER BÜRGERMEISTER: Von Mann zu Mann, wie Sie es verlangt haben. Sie besitzen nicht das moralische Recht, die Verhaftung der Dame zu verlangen und auch als Bürgermeister kommen Sie nicht in Frage. Es tut mir leid, das sagen zu müssen.

ILL: Offiziell?

DER BÜRGERMEISTER: Im Auftrag der Parteien.

ILL: Ich verstehe.

Er geht langsam links zum Fenster, kehrt dem Bürgermeister den Rücken zu, starrt hinaus.

DER BÜRGERMEISTER: Daß wir den Vorschlag der Dame verurteilen, bedeutet nicht, daß wir die Verbrechen billigen, die zu diesem Vorschlag geführt haben. Für den Posten eines Bürgermeisters sind gewisse Forderungen sittlicher Natur zu stellen, die Sie nicht mehr erfüllen, das müssen Sie einsehen.

91

1. *im übrigen: (prep. and adv.) über* over; *(adj.) übrig* left over, remaining; *im übrigen* lit. in the remaining, i.e. as for the rest, in other respects; cf. *übrigens* moreover, incidentally · *Hochachtung: achten* to respect, have regard for; *achten auf* to pay attention to; *die Achtung* respect, regard, attention *(Achtung!* attention! watch out!*); die Hochachtung* (high) regard, esteem; cf. also at the end of a letter: *hochachtungsvoll* respectfully (yours)
2. *entgegenbringen: bringen, a, a* to bring; *entgegen-bringen, a, a* to bring towards, offer · *versteht sich von selbst: verstehen, a, a* to understand; *von selbst* all by itself; *es versteht sich von selbst* it is completely obvious; cf. *selbstverständlich* obvious
7. *der Volksbote* name of a newspaper; *der Bote, -n, -n* messenger; *das Volk* people
8. *verlauten: laut* loud; *der Laut, -e* sound; *verlauten lassen, ie, a* to cause to be heard, hint
10. *schmücken: der Schmuck* decoration; jewelry; *schmücken* to decorate
12. *aber wieso denn* but why
13. *Mantel des Vergessens: vergessen, a, e* to forget; *der Mantel, ̈* overcoat; *der Mantel des Vergessens* coat of forgetting, i.e. cloak of silence, mantle of oblivion
15. *davonzukommen: kommen, a, o* to come; *davon-kommen, a, o* to get away, escape
17. *Höhe: hoch* high; *die Höhe* height; *das ist nun doch die Höhe* lit. that's really the height, i.e. that's really the limit
22. *unnachsichtlich: sehen, a, e* to see; *die Sicht* sight; *die Nachsicht* forbearance, indulgence; *nachsichtlich* lenient, indulgent; *unnachsichtlich* without leniency, unrelentingly
25. *Verleumdung: verleumden* to slander; *die Verleumdung, -en* slander
32. *planen wird man wohl noch dürfen: man darf planen* one is allowed to plan; *wohl* surely, indeed; *noch* yet still; *man wird doch wohl noch planen dürfen* one (we) can surely still make plans, can't one (we)?

Daß wir Ihnen im übrigen die gleiche Hochachtung und Freundschaft entgegenbringen wie zuvor, versteht sich von selbst.

Von links tragen Roby und Toby wieder Kränze, Blumen über die Bühne und verschwinden im goldenen Apostel. 5

DER BÜRGERMEISTER: Es ist besser, wir schweigen über das Ganze. Ich habe auch den Volksboten gebeten, nichts über die Angelegenheit verlauten zu lassen.

Ill kehrt sich um.

ILL: Man schmückt schon meinen Sarg, Bürgermeister! Schwei- 10 gen ist mir zu gefährlich.

DER BÜRGERMEISTER: Aber wieso denn, lieber Ill? Sie sollten dankbar sein, daß wir über die üble Affäre den Mantel des Vergessens breiten.

ILL: Wenn ich rede, habe ich noch eine Chance, davonzukom- 15 men.

DER BÜRGERMEISTER: Das ist nun doch die Höhe! Wer soll Sie denn bedrohen?

ILL: Einer von euch.

Der Bürgermeister erhebt sich. 20

DER BÜRGERMEISTER: Wen haben Sie im Verdacht? Nennen Sie mir den Namen, und ich untersuche den Fall. Unnachsichtlich.

ILL: Jeden von euch.

DER BÜRGERMEISTER: Gegen diese Verleumdung protestiere ich 25 im Namen der Stadt feierlich.

ILL: Keiner will mich töten, jeder hofft, daß es einer tun werde, und so wird es einmal einer tun.

DER BÜRGERMEISTER: Sie sehen Gespenster.

ILL: Ich sehe einen Plan an der Wand. Das neue Stadthaus? 30

Er tippt auf den Plan.

DER BÜRGERMEISTER: Mein Gott, planen wird man wohl noch dürfen.

ILL: Ihr spekuliert schon mit meinem Tod!

DER BÜRGERMEISTER: Lieber Mann, wenn ich als Politiker nicht 35

93

3. *da können Sie beruhigt sein*   you can rest assured
7. *Onassis*   internationally famous shipping magnate · *der Herzog und die Herzogin*   Duke and Duchess (of Windsor)
8. *Aga*   Aga Khan III (1877–1957), hereditary ruler of the Mohammedan Ismaili sect
9. *Ali*   son of Aga Khan III, international celebrity
10. *der ganze Rivierakram (coll.): der Kram*   rubbish; *die Riviera*   coastal region in the South of France; *der ganze Rivierakram lit.* the whole Riviera rubbish, i.e. everything connected with the Riviera: the international set residing at the Riviera
20. *die Übersicht: sehen, a, e*   to see; *die Sicht*   sight; *die Übersicht*   survey; prospect; *die Übersicht verlieren, o, o*   to lose sight (of things)
23. *Porsche*   German sports car
24. *bedrückt: drücken*   to press; *der Druck*   pressure; *bedrücken*   to oppress
26. *es ist auch garnichts los*   nothing is going on at all; cf. *was ist los?*   what is the matter? what is going on?
28. *Sattheit: satt*   satiated; full; *sättigen*   to satiate; *die Sattheit*   satiety · *Größe: groß*   great; *die Größe*   greatness, grandeur
29. *Bestimmung: bestimmen*   to determine; *die Bestimmung, -en*   order; determination

mehr das Recht hätte, an eine bessere Zukunft zu glauben, ohne gleich an ein Verbrechen denken zu müssen, würde ich zurücktreten, da können Sie beruhigt sein.

ILL: Ihr habt mich schon zum Tode verurteilt.

DER BÜRGERMEISTER: Herr Ill!

ILL *leise*: Der Plan beweist es! Beweist es!

CLAIRE ZACHANASSIAN: Onassis kommt. Der Herzog und die Herzogin. Aga.

GATTE VIII: Ali?

CLAIRE ZACHANASSIAN: Der ganze Rivierakram.

GATTE VIII: Journalisten?

CLAIRE ZACHANASSIAN: Aus der ganzen Welt. Wo ich heirate, ist immer die Presse dabei. Sie braucht mich, und ich brauche sie.

Sie öffnet einen weiteren Brief.

CLAIRE ZACHANASSIAN: Vom Grafen Holk.

GATTE VIII: Hopsi, mußt du nun wirklich an unserem ersten gemeinsamen Morgenessen Briefe deiner ehemaligen Gatten lesen?

CLAIRE ZACHANASSIAN: Ich will die Übersicht nicht verlieren.

GATTE VIII *schmerzlich*: Ich habe doch auch Probleme.

Er steht auf, starrt in das Städtchen hinunter.

CLAIRE ZACHANASSIAN: Geht dein Porsche nicht?

GATTE VIII: So ein Kleinstädtchen bedrückt mich. Nun gut, die Linde rauscht, Vögel singen, der Brunnen plätschert, aber das taten sie schon vor einer halben Stunde. Es ist auch gar nichts los, weder mit der Natur, noch mit den Bewohnern, alles tiefer, sorgloser Friede, Sattheit, Gemütlichkeit. Keine Größe, keine Tragik. Es fehlt die sittliche Bestimmung einer großen Zeit.

Von links kommt der Pfarrer, ein Gewehr umgehängt. Er breitet

3. *der Talar*   robe
4. *die Sakristei*   sacristy, vestry
10. *wundern: das Wunder,* -   wonder; miracle; *wunderbar*   wonderful; *sich wundern*   to be surprised
11. *schleicht: schleichen, i, i*   to crawl, creep; slink, sneak, prowl; *herum-schleichen, i, i*   to prowl around
12. *das Dachgestühl*   attic
21. *knöpfe: der Knopf,* ⁻ᵉ   button; *knöpfen*   to button; *zu-knöpfen*   to close by buttoning; cf. *auf-knöpfen*   to unbutton
25. *herumspähend: herum-spähen*   to reconnoiter; *herumspähend*   reconnoitering
26. *es geht um: gehen, i, a*   to go; *es geht um*   *lit.* it goes for, i.e. it is a matter of, it is a question of
32. *krepiere: krepieren (vulg.)*   to die (as of animals)

über den Tisch, an dem vorher der Polizist saß, ein weißes Tuch
mit einem schwarzen Kreuz, lehnt das Gewehr gegen die Wand
des Hotels. Der Sigrist hilft ihm in den Talar. Dunkelheit.
DER PFARRER: Treten Sie ein, Ill, in die Sakristei.
Ill kommt von links.   5
DER PFARRER: Es ist dunkel hier, doch kühl.
ILL: Ich will nicht stören, Herr Pfarrer.
DER PFARRER: Das Gotteshaus steht jedem offen.
Er bemerkt den Blick Ills, der auf das Gewehr fällt.
DER PFARRER: Wundern Sie sich über die Waffe nicht. Der 10
schwarze Panther der Frau Zachanassian schleicht herum.
Eben hier im Dachgestühle und jetzt in der Peterschen Scheune.
ILL: Ich suche Hilfe.
DER PFARRER: Wovor?
ILL: Ich fürchte mich.   15
DER PFARRER: Fürchten? Wen?
ILL: Die Menschen.
DER PFARRER: Daß die Menschen Sie töten, Ill?
ILL: Sie jagen mich wie ein wildes Tier.
DER PFARRER: Man soll nicht die Menschen fürchten, sondern 20
Gott, nicht den Tod des Leibes, den der Seele. Knöpfe den
Talar hinten zu, Sigrist.
Überall an den Wänden der Bühne werden die Güllener sichtbar,
der Polizist zuerst, der Bürgermeister, die Vier, der Maler, der Leh-
rer, herumspähend, die Gewehre schußbereit, herumschleichend. 25
ILL: Es geht um mein Leben.
DER PFARRER: Um Ihr ewiges Leben.
ILL: Der Wohlstand steht auf.
DER PFARRER: Das Gespenst Ihres Gewissens.
ILL: Die Leute sind fröhlich. Die Mädchen schmücken sich. Die 30
Burschen tragen bunte Hemden. Die Stadt bereitet sich auf
das Fest meiner Ermordung vor, und ich krepiere vor Ent-
setzen.
DER PFARRER: Positiv, nur positiv, was Sie durchmachen.
ILL: Es ist die Hölle.   35

97

3. *um Geld* for money

5. *Sie schließen von sich selbst auf andere: schließen, o, o* to shut, close; to finish, conclude; *schließen aus* to judge by; *von sich (dat.) auf andere schließen* to judge others by oneself

8. *quält: die Qual, -en* torment; *quälen* to torment

9. *vermögen* to be able (to do something)

10. *Siemethofers* proper name

11. *kümmern: der Kummer* worry, grief, sorrow, sadness; *kümmerlich* wretched; *sich kümmern um* to worry about

12. *auf Kredit* on credit

13. *Unsterblichkeit: sterben, a, o* to die; *sterblich* mortal; *unsterblich* immortal; *die Unsterblichkeit* immortality

15. *Stockers* proper name · *Fernsehapparat: der Apparat, -e* apparatus; *sehen, a, e* to see; *fern* distant; *der Fernsehapparat* television set

16. *das Bäffchen* bands (of a Protestant clergyman)

24. *walten: walten* to rule; *(with gen.)* to carry out, execute; *das Amt, ⁻er* office, official position; *meines Amtes walten* lit. to carry out my office, i.e. to discharge the duties of my office

25. *taufen: die Taufe* baptism; *taufen* to baptize

26. *rücken* to move

27. *erhellt: hell* bright, light; *erhellen* to make bright

30. *nicht?* no? here, don't you think?

DER PFARRER: Die Hölle liegt in Ihnen. Sie sind älter als ich und meinen die Menschen zu kennen, doch kennt man nur sich. Weil Sie ein Mädchen um Geld verraten haben, einst vor vielen Jahren, glauben Sie, auch die Menschen würden Sie nun um Geld verraten. Sie schließen von sich selbst auf andere. Nur allzu natürlich. Der Grund unserer Furcht liegt in unserem Herzen, liegt in unserer Sünde: Wenn Sie dies erkennen, besiegen Sie, was Sie quält, erhalten Waffen, dies zu vermögen.

ILL: Siemethofers haben sich eine Waschmaschine angeschafft.

DER PFARRER: Kümmern Sie sich nicht darum.

ILL: Auf Kredit.

DER PFARRER: Kümmern Sie sich um die Unsterblichkeit Ihrer Seele.

ILL: Stockers einen Fernsehapparat.

DER PFARRER: Beten Sie. Sigrist, das Bäffchen.

Der Sigrist bindet dem Pfarrer das Bäffchen um.

DER PFARRER: Durchforschen Sie Ihr Gewissen. Gehen Sie den Weg der Reue, sonst entzündet die Welt Ihre Furcht immer wieder. Es ist der einzige Weg. Wir vermögen nichts anderes.

Schweigen. Die Männer mit ihren Gewehren verschwinden wieder. Schatten an den Rändern der Bühne. Die Feuerglocke beginnt zu bimmeln.

DER PFARRER: Nun muß ich meines Amtes walten, Ill, muß taufen. Die Bibel, Sigrist, die Liturgie, das Psalmenbuch. Das Kindchen beginnt zu schreien, muß in Sicherheit gerückt werden, in den einzigen Schimmer, der unsere Welt erhellt.

Ein zweite Glocke beginnt zu läuten.

ILL: Eine zweite Glocke.

DER PFARRER: Nicht? Der Ton ist hervorragend. Voll und kräftig. Positiv, nur positiv.

ILL *schreit auf:* Auch Sie, Pfarrer! Auch Sie!

Der Pfarrer wirft sich gegen Ill und umklammert ihn.

DER PFARRER: Flieh! Wir sind schwach, Christen und Heiden.

99

1. *dröhnen* to boom; to resound
2. *Versuchung: der Versuch, -e* attempt; experiment; *versuchen* to try, attempt; *die Versuchung, -en* temptation
3. *kauert: kauern* to squat, crouch, cower
11. *schade um: schade* unfortunate! a pity! too bad; *schade um* a pity about
16. *klebt: kleben* to stick, adhere; *der Klebstoff* glue
17. *Oberammergau* village in Bavaria and site, since 1633, of the Passion Play
18. *Krane: der Kran, -e* crane
23. *zufällig: der Zufall, ⁻e* chance, accident; incident, occurrence; *durch Zufall* by accident; *zufällig* accidentally; *wie zufällig* as if by chance
25. *Grüß Gott: grüßen* to greet; *grüßen lassen, ie, a* to send one's regards; *Grüß Gott!* hello! (traditional greeting in much of southern Germany, Austria, and Switzerland)
29. *wo gehts (= geht es) denn hin* where are you going

Flieh, die Glocke dröhnt in Güllen, die Glocke des Verrats.
Flieh, führe uns nicht in Versuchung, indem du bleibst.

Es fallen zwei Schüsse. Ill sinkt zu Boden, der Pfarrer kauert bei ihm.

DER PFARRER: Flieh! Flieh!

CLAIRE ZACHANASSIAN: Boby, man schießt.   5

DER BUTLER: In der Tat, gnädige Frau.

CLAIRE ZACHANASSIAN: Weshalb denn?

DER BUTLER: Der Panther ist entwichen.

CLAIRE ZACHANASSIAN: Hat man ihn getroffen?

DER BUTLER: Er liegt tot vor Ills Laden.   10

CLAIRE ZACHANASSIAN: Schade um das Tierchen. Ein Trauermarsch, Roby.

Trauermarsch von der Guitarre gespielt. Der Balkon verschwindet.
Glockenton. Die Bühne wie zu Beginn des ersten Aktes. Der Bahn-
hof. Nur der Fahrplan an der Mauer ist neu, unzerrissen und irgend-   15
wo klebt ein großes Plakat mit einer strahlenden gelben Sonne: Reist
in den Süden. Ferner: Besucht die Passionsspiele in Oberammergau.
Auch sind im Hintergrund einige Krane zu bemerken zwischen
den Häusern sowie einige neue Dächer. Das donnernde, stamp-
fende Geräusch eines vorbeirasenden Expreßzuges. Vor dem Bahn-   20
hof der Bahnhofvorstand salutierend. Aus dem Hintergrund kommt
Ill mit einem alten Köfferchen in der Hand, schaut sich um. Lang-
sam wie zufällig kommen von allen Seiten Güllener hinzu. Ill zö-
gert, bleibt stehen.

DER BÜRGERMEISTER: Grüß Gott, Ill.   25

ALLE: Grüß Gott! Grüß Gott!

ILL *zögernd*: Grüß Gott.

DER LEHRER: Wo gehts denn hin mit dem Koffer?

ALLE: Wo gehts denn hin?

ILL: Zum Bahnhof.   30

DER BÜRGERMEISTER: Wir begleiten Sie.

3. *es ist nicht der Rede wert: wert* worth; *reden* to talk; *die Rede, -n* talk, speech; *nicht der Rede wert sein* not to be worth talking about

5. *verreisen: reisen* to travel; *die Reise, -n* travel, journey; *verreisen* to go away on a trip

11. *auftreiben: treiben, ie, ie* to drive; to set in motion, urge on; *auf-treiben, ie, ie* to raise, procure (with difficulty), get hold of

17. *rücken ... nach: nach-rücken* to move up, follow · *gemächlich* leisurely

26. *gehetztes: die Hetze* chase, pursuit; wild or mad rush; *hetzen* to hunt, run after, pursue; *sich hetzen* to hurry, rush; *gehetzt* rushed, hunted; *wie ein gehetztes Tier* like a beast at bay

27. *der Regierungsstatthalter* government representative

35. *Stadtrates: raten (with dat.)* to advise, counsel; *der Rat* advice, counsel; council; *der Rat, ⁻e* councilman; *der Stadtrat* city council

ALLE: Wir begleiten Sie! Wir begleiten Sie!

Immer mehr Güllener erscheinen.

ILL: Das müßt ihr nicht, wirklich nicht. Es ist nicht der Rede wert.

DER BÜRGERMEISTER: Sie verreisen, Ill? 5

ILL: Ich verreise.

DER POLIZIST: Wohin denn?

ILL: Ich weiß nicht. Nach Kalberstadt und dann weiter –

DER LEHRER: So – und dann weiter.

ILL: Nach Australien am liebsten. Irgendwie werde ich das Geld 10 schon auftreiben.

Er geht wieder auf den Bahnhof zu.

ALLE: Nach Australien! Nach Australien!

DER BÜRGERMEISTER: Warum denn?

ILL *verlegen*: Man kann schließlich nicht immer am gleichen 15 Ort leben – jahraus, jahrein.

Er beginnt zu rennen, erreicht den Bahnhof. Die andern rücken gemächlich nach, umgeben ihn.

DER BÜRGERMEISTER: Nach Australien auswandern. Das ist doch lächerlich.

DER ARZT: Und für Sie am gefährlichsten. 20

DER LEHRER: Einer der beiden kleinen Eunuchen ist schließlich auch nach Australien ausgewandert.

DER POLIZIST: Hier sind Sie am sichersten.

ALLE: Am sichersten, am sichersten. 25

Ill schaut sich ängstlich um, wie ein gehetztes Tier.

ILL *leise*: Ich schrieb dem Regierungsstatthalter nach Kaffigen.

DER POLIZIST: Na und?

ILL: Keine Antwort.

DER LEHRER: Ihr Mißtrauen ist unbegreiflich. 30

DER BÜRGERMEISTER: Niemand will Sie töten.

ALLE: Niemand, niemand.

ILL: Die Post schickte den Brief nicht ab.

DER MALER: Unmöglich.

DER BÜRGERMEISTER: Der Postbeamte ist Mitglied des Stadtrates. 35

1. *Ehrenmann: der Mann, ⁼er* man; *die Ehre, -n* honor
3. *das Plakat, -e* poster
4. *Na und?* So what?
17. *hergebeten: bitten, a, e* to ask for, request; to entreat, implore; *die Bitte, -n* request, supplication; *bitte* please; don't mention it (in answer to thanks); *wie, bitte?* I beg your pardon (i.e. what did you say?); *her-bitten, a, e (with acc.)* to ask somebody to come here
31. *scharen sich: die Schar, -en* troop, band; herd; crowd; *sich scharen* collect, assemble, flock together

DER LEHRER: Ein Ehrenmann.

ALLE: Ein Ehrenmann! Ein Ehrenmann!

ILL: Hier. Ein Plakat: Reist in den Süden.

DER ARZT: Na und?

ILL: Besucht die Passionsspiele in Oberammergau.

DER LEHRER: Na und?

ILL: Man baut!

DER BÜRGERMEISTER: Na und?

ILL: Und neue Hosen habt ihr auch alle.

DER ERSTE: Na und?

ILL: Immer reicher werdet ihr, immer wohlhabender!

ALLE: Na und?

Glockenton.

DER LEHRER: Sie sehen ja, wie beliebt Sie sind.

DER BÜRGERMEISTER: Das ganze Städtchen begleitet Sie.

ALLE: Das ganze Städtchen! Das ganze Städtchen!

ILL: Ich habe euch nicht hergebeten.

DER ZWEITE: Wir werden doch noch von dir Abschied nehmen dürfen.

DER BÜRGERMEISTER: Als alte Freunde.

ALLE: Als alte Freunde! Als alte Freunde!

Zugsgeräusch. Der Bahnhofvorstand nimmt die Kelle. Links erscheint ein Kondukteur, als wäre er eben vom Zuge gesprungen.

DER KONDUKTEUR *mit langgezogenem Schrei*: Güllen!

DER BÜRGERMEISTER: Das ist Ihr Zug.

ALLE: Ihr Zug! Ihr Zug!

DER BÜRGERMEISTER: Nun, Ill, ich wünsche eine gute Reise.

ALLE: Eine gute Reise, eine gute Reise!

DER ARZT: Ein schönes, weiteres Leben!

ALLE: Ein schönes, weiteres Leben!

Die Güllener scharen sich um Ill.

DER BÜRGERMEISTER: Es ist so weit. Besteigen Sie nun in Gottes Namen den Personenzug nach Kalberstadt.

DER POLIZIST: Und viel Glück in Australien!

ALLE: Viel Glück, viel Glück!

1. *bewegungslos: bewegen* to move; *bewegt* moved, agitated, stirred; *die Bewegung, -en* movement, motion; *bewegungslos* motionless
4. *ein-steigen, ie, ie* to get in (a vehicle); *(alles) einsteigen!* all aboard!
7. *Platz: der Platz, ⁻e* place, site location; seat; room; *Platz machen* to make room, make way
16. *es ist an Ihnen* it is up to you
19. *lächerlich: lachen* to laugh; *lächerlich* laughable, ridiculous; *das Gelächter* laughter
22. *verrückt: der Ruck, -e* sudden push or movement, shock; *rücken* to move, jerk, change the place of; *verrücken* to displace; to disarrange, unsettle; *verrückt* crazy
29. *beteuernd: die Beteuerung, -en* assertion, protestation; *beteuern* to assert, protest

Ill steht bewegungslos, starrt seine Mitbürger an.

ILL *leise:* Warum seid ihr alle hier?

DER POLIZIST: Was wollen Sie denn noch?

DER BAHNHOFVORSTAND: Einsteigen!

ILL: Was schart ihr euch um mich?   5

DER BÜRGERMEISTER: Wir scharen uns doch gar nicht um Sie.

ILL: Macht Platz.

DER LEHRER: Aber wir haben doch Platz gemacht.

ALLE: Wir haben Platz gemacht, wir haben Platz gemacht!

ILL: Einer wird mich zurückhalten.   10

DER POLIZIST: Unsinn. Sie brauchen nur in den Zug zu steigen,
um zu sehen, daß dies Unsinn ist.

ILL: Geht weg.

*Niemand rührt sich. Einige stehen da, die Hände in den Hosen-
taschen.*   15

DER BÜRGERMEISTER: Ich weiß nicht, was Sie wollen. Es ist an
Ihnen fortzugehen. Steigen Sie nun in den Zug.

ILL: Geht weg!

DER LEHRER: Ihre Furcht ist einfach lächerlich.

Ill fällt auf die Knie.   20

ILL: Warum seid ihr so nah bei mir!

DER POLIZIST: Der Mann ist verrückt geworden.

ILL: Ihr wollt mich zurückhalten.

DER BÜRGERMEISTER: Steigen Sie doch ein!

ALLE: Steigen Sie doch ein! Steigen Sie doch ein!   25

Schweigen.

ILL *leise:* Einer wird mich zurückhalten, wenn ich den Zug be-
steige.

ALLE *beteuernd:* Niemand! Niemand!

ILL: Ich weiß es.   30

DER POLIZIST: Es ist höchste Zeit.

DER LEHRER: Besteigen Sie endlich den Zug, guter Mann.

ILL: Ich weiß es! Einer wird mich zurückhalten! Einer wird
mich zurückhalten.

DER BAHNHOFVORSTAND: Abfahrt!   35

107

1. *markiert: markieren*   to mimic
2. *bedeckt: die Decke, -n*   cover; blanket; ceiling; *bedecken*   to cover
4. *davongerumpelt: davon-rumpeln*   to rumble away; *da ist er Ihnen davongerumpelt*
   lit. there it has rumbled away from you; *here,* it has gone off without you

*Er hebt die Kelle, der Kondukteur markiert Aufspringen, und Ill
bedeckt, zusammengebrochen, von den Güllenern umgeben, sein
Gesicht mit den Händen.*

DER POLIZIST: Sehen Sie! Da ist er Ihnen davongerumpelt!

*Alle verlassen den zusammengebrochenen Ill, gehen nach hinten, 5
langsam, verschwinden.*

ILL: Ich bin verloren!

2. *Brautkleid: kleiden* to dress, clothe; *das Kleid, -er* dress; *(pl.)* clothes; *die Braut, ⁻e* bride; *das Brautkleid, -er* bridal gown · *der Schleier, -* veil
3. *ferner* further, in addition · *die Droschke* hackney carriage
5. *Spinnweben = das Spinngewebe: weben* to weave; *das Gewebe, -* weaving, web; fabric; *die Spinne, -n* spider
8. *tappen* to grope; *sich durchs Dunkel tappen* to grope (one's way) through the dark
10. *bürgerlichen: der Bürger, -* citizen, townsman, bourgeois; *bürgerlich* bourgeois; simple, plain
20. *blutjung* very young
23. *zum Ersticken: ersticken* to suffocate; *zum Ersticken* enough to suffocate
25. *Wagenschmiere: schmieren* to smear; *die Schmiere* grease; *der Wagen, -* wagon, car; *die Wagenschmiere* lit. wagon grease, i.e. axle grease · *Geräte: das Gerät, -e* utensil, implement · *Mistgabel: die Gabel, -n* fork; *der Mist* manure; *die Mistgabel, -n* pitchfork (for manure)

DRITTER AKT

PETERSCHE SCHEUNE. LINKS SITZT CLAIRE ZACHANASSIAN IN IHRER
Sänfte, unbeweglich, im Brautkleid, weiß, Schleier usw. Ganz links
eine Leiter, ferner Heuwagen, alte Droschke, Stroh, in der Mitte
ein kleines Faß. Oben hängen Lumpen, vermoderte Säcke, riesige
Spinnweben breiten sich aus. Der Butler kommt aus dem Hintergrund. 5

DER BUTLER: Der Arzt und der Lehrer.
CLAIRE ZACHANASSIAN: Sollen hereinkommen.
Der Arzt und der Lehrer erscheinen, tappen sich durchs Dunkel,
finden endlich die Milliardärin, verneigen sich. Die beiden sind nun
in guten, soliden, bürgerlichen Kleidern, eigentlich schon elegant. 10
DIE BEIDEN: Gnädige Frau.
Claire Zachanassian betrachtet die beiden durch ihr Lorgnon.
CLAIRE ZACHANASSIAN: Sehen verstaubt aus, meine Herren.
Die beiden wischen sich den Staub ab.
DER LEHRER: Verzeihung. Wir mußten über eine alte Droschke 15
klettern.

CLAIRE ZACHANASSIAN: Habe mich in die Petersche Scheune
zurückgezogen. Brauche Ruhe. Die Hochzeit eben im Güllener Münster ermüdete mich. Bin schließlich nicht mehr
blutjung. Setzen Sie sich auf das Faß. 20
DER LEHRER: Danke schön.
Er setzt sich. Der Arzt bleibt stehen.
CLAIRE ZACHANASSIAN: Schwül hier. Zum Ersticken. Doch
ich liebe diese Scheune, den Geruch von Heu, Stroh und
Wagenschmiere. Erinnerungen. All die Geräte, die Mistgabel, 25

III

5. *erhebend: erheben, o, o* to lift or raise up; to praise, extol; *erhebend* inspiringly
6. *Erster Korinther dreizehn:* I Corinthians 13 *(Wenn ich mit Menschen- und mit Engelzungen redete, und hätte der Liebe nicht, so wäre ich ein tönend Erz oder eine klingende Schelle ...)*
7. *brav* excellent; honest; well-behaved; *seine Sache brav machen* to do one's job nicely
9. *Bach* i.e. Johann Sebastian Bach (1685-1750), German composer · *Matthäus-Passion* St. Matthew Passion
10. *benommen: benehmen, a, o* to take away; *benommen* dazed (i.e. awareness has been taken away) · *die mondäne Welt: mondän* worldly, modish; *die mondäne Welt* Society
11. *die Finanzwelt* world of finance · *die Filmwelt* movie world
20. *Rechtsanwälte: der Rechtsanwalt, ̈e* attorney
21. *eingereicht: ein-reichen* to submit (as of a petition); *eine Scheidung ein-reichen* to submit a (petition for) divorce; to institute divorce proceedings
23. *sind es gewöhnt = sie sind es gewöhnt* they are used to it; *sich gewöhnen an* to get used to; *die Gewohnheit, -en* habit
26. *Angelegenheit: die Angelegenheit, -en* concern, matter, affair; *in der Angelegenheit (with gen.)* in the matter of, concerning
29. *abendländischen: das Abendland* occident; *abendländisch* occidental; cf. *das Morgenland* orient; *morgenländisch* oriental

die Droschke, den zerbrochenen Heuwagen gab es schon in meiner Jugend.

DER LEHRER: Ein besinnlicher Ort.

Er wischt sich den Schweiß ab.

CLAIRE ZACHANASSIAN: Der Pfarrer predigte erhebend.

DER LEHRER: Erster Korinther dreizehn.

CLAIRE ZACHANASSIAN: Und auch Sie machten Ihre Sache brav mit dem gemischten Chor, Herr Lehrer. Es tönte feierlich.

DER LEHRER: Bach. Aus der Matthäus-Passion. Bin noch gänzlich benommen. Die mondäne Welt war anwesend, die Finanzwelt, die Filmwelt...

CLAIRE ZACHANASSIAN: Die Welten sind nach der Hauptstadt gerauscht in ihren Cadillacs. Zum Hochzeitsessen.

DER LEHRER: Gnädige Frau. Wir möchten Ihre kostbare Zeit nicht mehr als nötig beanspruchen. Ihr Gatte wird Sie ungeduldig erwarten.

CLAIRE ZACHANASSIAN: Hoby? Den habe ich nach Geiselgasteig zurückgeschickt mit seinem Porsche.

DER ARZT *verwirrt*: Nach Geiselgasteig?

CLAIRE ZACHANASSIAN: Meine Rechtsanwälte haben die Scheidung bereits eingereicht.

DER LEHRER: Aber die Hochzeitsgäste, gnädige Frau?

CLAIRE ZACHANASSIAN: Sind es gewöhnt. Meine zweitkürzeste Ehe. Nur die mit Lord Ismael war noch geschwinder. Was führt euch zu mir?

DER LEHRER: Wir kommen in der Angelegenheit des Herrn Ill.

CLAIRE ZACHANASSIAN: O, ist er gestorben?

DER LEHRER: Gnädige Frau! Wir haben schließlich unsere abendländischen Prinzipien.

CLAIRE ZACHANASSIAN: Was wollt Ihr denn?

DER LEHRER: Die Güllener haben sich leider leider verschiedenes angeschafft.

DER ARZT: Ziemlich vieles.

Die beiden wischen sich den Schweiß ab.

CLAIRE ZACHANASSIAN: Verschuldet?

113

7. *versetzen Sie sich: versetzen* to transfer, transplant; *versetzen Sie sich in unsere Lage* put yourself in our position
9. *Keime: keimen* to germinate; *der Keim, -e* germ; seed · *rumpeln* to rumble; to drive with a heavy, rolling sound
10. *rachitisch* rickety, sick with rickets
11. *wozu* for what, why
12. *Besoldung: der Sold* soldier's pay; *besolden* to pay (wages, salary); *die Besoldung, -en* payment (of wages, salary) · *minim* minimal
13. *Berufung: berufen, ie, u* to call, appoint, nominate; *die Berufung, -en* call, summon; appointment; nomination · *das Kalberstädter Obergymnasium* = *das Obergymnasium in Kalberstadt: das Obergymnasium* advanced secondary school
14. *schlankweg* flatly, downright, without more ado · *Lehrauftrag: der Auftrag, ⁔e* commission, order; task; *lehren* to teach; *der Lehrauftrag, ⁔e* teaching appointment
16. *harrten aus: aus-harren* to persevere
18. *auferstehe: auf-erstehen, a, a* to rise from the dead
19. *aufs neue* anew
20. *verschwenderischer: verschwenden* to waste, lavish; *der Verschwender, -* waster, spendthrift; *die Verschwendung, -en* wastefulness, lavishness; *verschwenderisch* lavish · *in Hülle und Fülle* in abundance
21. *das Erz* ore
27. *sanieren* to restore to health (as of a business)
29. *verzinst: der Zins* tax, duty, rent; *die Zinsen (pl.)* interest; *verzinsen* to pay interest on; *wohl verzinst* with good interest · *anzulegen: an-legen* to invest · *verschleudern* to squander

DER LEHRER: Hoffnungslos.

CLAIRE ZACHANASSIAN: Trotz der Prinzipien?

DER LEHRER: Wir sind nur Menschen.

DER ARZT: Und müssen jetzt unsere Schulden bezahlen.

CLAIRE ZACHANASSIAN: Ihr wißt, was zu tun ist. 5

DER LEHRER *mutig*: Frau Zachanassian, Reden wir offen miteinander. (Versetzen Sie sich in unsere traurige Lage.) Seit
zwei Jahrzehnten pflanze ich in dieser verarmten Gemeinde
die zarten Keime der Humanität, rumpelt der Stadtarzt zu
den tuberkulösen und rachitischen Patienten mit seinem alten 10
Mercedes. Wozu diese jammervollen Opfer? Des Geldes
wegen? Wohl kaum. Unsere Besoldung ist minim, eine
Berufung ans Kalberstädter Obergymnasium lehnte ich
schlankweg ab, der Arzt einen Lehrauftrag der Universität
Erlangen. Aus reiner Menschenliebe? Auch dies wäre über- 15
trieben. Nein. Wir harrten aus, all die endlosen Jahre, und
mit uns das ganze Städtchen, weil es eine Hoffnung gibt, die
Hoffnung, daß die alte Größe Güllens auferstehe, daß die
Möglichkeit aufs neue begriffen werde, die unsere Heimaterde
in so verschwenderischer Hülle und Fülle birgt. Öl liegt 20
unter der Niederung von Pückenried, Erz unter dem Konradsweilerwald. Wir sind nicht arm, Madame, nur vergessen.
Wir brauchen Kredit, Vertrauen, Aufträge, und unsere
Wirtschaft, unsere Kultur blüht. Güllen hat etwas zu bieten:
Die Platz-an-der-Sonnehütte. 25

DER ARZT: Bockmann.

DER LEHRER: Die Wagnerwerke. Kaufen Sie die, sanieren Sie
die, und Güllen floriert. Hundert Millionen sind planvoll,
wohl verzinst, anzulegen, nicht eine Milliarde zu verschleudern! 30

CLAIRE ZACHANASSIAN: Ich besitze noch zwei weitere.

DER LEHRER: Lassen Sie uns nicht ein Leben lang vergeblich
geharrt haben. Wir bitten um kein Almosen, wir bieten ein
Geschäft.

4. *Stich: der Stich, -e* prick, puncture; trick (at cards); *jemanden im Stich lassen, ie, a* to leave someone in the lurch

5. *nur nicht auszuführen = es kann nicht ausgeführt werden: etwas aus-führen* to execute, do something

13. *Straße um Straße, Haus für Haus* street after street, house after house · *ließ = ich ließ*

14. *Betriebe: betreiben, ie, ie* to urge on; carry on (a business); *der Betrieb, -e* operation, management; plant

16. *Aufopferung: das Opfer, -* sacrifice; *opfern* to sacrifice; *sich auf-opfern* to sacrifice oneself; *die Aufopferung, -en* (self-)sacrifice

17. *vertan: vertun, a, a* to waste

21. *Matrosenanzug: der Anzug, ̈e* suit; *der Matrose, -n, -n* sailor · *Zöpfen: der Zopf, ̈e* pigtail

22. *hochschwanger: schwanger* pregnant; *hochschwanger* very pregnant

23. *Eisblumen: die Blume, -n* flower; *das Eis* ice; *die Eisblume, -n* lit. ice flower, i.e. frost etching (on the train window)

24. *Umrisse: umreißen, i, i* to outline; *der Umriß, -(ss)e* outline

28. *angerückt: an-rücken* to approach

33. *die Antike* antiquity · *kommen Sie mir vor* you seem to me · *Medea* enchantress, daughter of the king of Colchis; she killed her children in order to punish her faithless husband, Jason.

34. *im tiefsten* (superl. of *tief*) lit. in the deepest, i.e. most profoundly

35. *unheilvollen: heilen* to heal; *heil* unhurt, safe and sound; *heil!* hail!; *das Heil* prosperity, happiness; salvation; *das Unheil* disaster; *unheilvoll* disastrous

CLAIRE ZACHANASSIAN: Wirklich. Das Geschäft wäre nicht schlecht.

DER LEHRER: Gnädige Frau! Ich wußte, daß Sie uns nicht im Stich lassen würden!

CLAIRE ZACHANASSIAN: Nur nicht auszuführen. Ich kann die 5 Platz-an-der-Sonnehütte nicht kaufen, weil sie mir schon gehört.

DER LEHRER: Ihnen?

DER ARZT: Und Bockmann?

DER LEHRER: Die Wagnerwerke? 10

CLAIRE ZACHANASSIAN: Gehören mir ebenfalls. Die Fabriken, die Niederung von Pückenried, die Petersche Scheune, das Städtchen, Straße um Straße, Haus für Haus. Ließ den Plunder aufkaufen durch meine Agenten, die Betriebe stillegen. Eure Hoffnung war ein Wahn, euer Ausharren sinnlos, 15 eure Aufopferung Dummheit, euer ganzes Leben nutzlos vertan.

Stille.

DER ARZT: Das ist doch ungeheuerlich.

CLAIRE ZACHANASSIAN: Es war Winter, einst, als ich dieses 20 Städtchen verließ, im Matrosenanzug mit roten Zöpfen, hochschwanger, Einwohner grinsten mir nach. Frierend saß ich im D-Zug nach Hamburg, doch wie hinter den Eisblumen die Umrisse der Peterschen Scheune versanken, beschloß ich zurückzukommen, einmal. Nun bin ich da. Nun 25 stelle ich die Bedingung, diktiere das Geschäft. *Laut:* Roby und Toby, in den goldenen Apostel. Gatte Nummer neun ist angerückt mit seinen Büchern und Manuskripten.

Die beiden Monstren kommen aus dem Hintergrund und heben die Sänfte in die Höhe. 30

DER LEHRER: Frau Zachanassian! Sie sind ein verletztes liebendes Weib. Sie verlangen absolute Gerechtigkeit. Wie eine Heldin der Antike kommen Sie mir vor, wie eine Medea. Doch weil wir Sie im tiefsten begreifen, geben Sie uns den Mut, mehr von Ihnen zu fordern: Lassen Sie den unheilvollen Gedanken 35

117

1. *zum Äußersten* to the extreme
3. *ringen Sie sich ... durch: ringen, a, u* to struggle, wrestle; *sich durch-ringen zu* to struggle through to
4. *Menschlichkeit: der Mensch, -en, -en* human being, man; *menschlich* human; humane; *die Menschlichkeit* humaneness
6. *die Börse* stock market · *die Finanzkraft* financial strength
7. *Weltordnung: die Ordnung* order; *die Welt, -en* world
9. *blechen (slang)* to pay · *hinhalten: hin-halten, ie, a* to proffer; to delay; here, to bear up, endure, take it · *will er mittanzen = wenn er mittanzen will*
11. *die Konjunktur* boom (as of business)
15. *vorschreibt: vor-schreiben, ie, ie* to prescribe, order
17. *tritt jemand ... = wenn jemand ... tritt*
19. *arrivierter: arrivieren (coll.)* to make good (financially)
20. *Blutspritzer: spritzen* to spurt, splash; *der Spritzer, -* splash; *das Blut* blood
21. *sah ... zu: zu-sehen, a, e* to watch
23. *gönnen* not to begrudge; *Klärchen ist das Glück zu gönnen* we must not begrudge Clara her happiness · *Misere: die Misere* misery, wretchedness
24. *Brautjungfern: die Jungfer, -n* maid; *die Braut, ⁼e* bride
26. *heute Mode = das ist heute Mode*
27. *werden = sie werden*
30. *fragen ... aus: fragen* to question; *aus-fragen* to question thoroughly
32. *Camel, Saridon* names of cigarettes · *die Nacht gefeiert bei Stockers = wir haben die Nacht bei Stockers gefeiert*

der Rache fallen, treiben Sie uns nicht zum Äußersten, helfen
Sie armen, schwachen, aber rechtschaffenen Leuten, ein
etwas würdigeres Leben zu führen, ringen Sie sich zur reinen
Menschlichkeit durch!

CLAIRE ZACHANASSIAN: Die Menschlichkeit, meine Herren, ist 5
für die Börse der Millionäre geschaffen, mit meiner Finanzkraft leistet man sich eine Weltordnung. Die Welt machte
mich zu einer Hure, nun mache ich sie zu einem Bordell.
Wer nicht blechen kann, muß hinhalten, will er mittanzen.
Ihr wollt mittanzen. Anständig ist nur, wer zahlt, und ich 10
zahle. Güllen für einen Mord, Konjunktur für eine Leiche.
Los ihr beiden.

Sie wird nach hinten getragen.

DER ARZT: Mein Gott, was sollen wir tun?
DER LEHRER: Was uns das Gewissen vorschreibt, Doktor Nüßlin. 15

Im Vordergrund rechts wird der Laden Ills sichtbar. Neue Inschrift.
Neuer blitzender Ladentisch, neue Kasse, kostbarere Ware. Tritt
jemand durch die fingierte Türe: pompöses Geklingel. Hinter dem
Ladentisch Frau Ill. Von links kommt der Erste, als arrivierter
Metzger, einige Blutspritzer auf der neuen Schürze. 20
DER ERSTE: Das war ein Fest. Ganz Güllen sah auf dem Münster-
platz zu.
FRAU ILL: Klärchen ist das Glück zu gönnen nach all der Misere.
DER ERSTE: Filmschauspielerinnen als Brautjungfern. Mit sol-
chen Busen. 25
FRAU ILL: Heute Mode.
DER ERSTE: Journalisten. Werden auch hier vorbeikommen.
FRAU ILL: Wir sind einfache Leute, Herr Hofbauer. Bei uns
suchen sie nichts.
DER ERSTE: Die fragen alle aus. Zigaretten. 30
FRAU ILL: Die Grünen?
DER ERSTE: Camel. Und Saridon. Die Nacht gefeiert bei
Stockers.

1. *aufschreiben: schreiben, ie, ie*   to write; *auf-schreiben, ie, ie*   to write down; to charge
4. *macht sich: sich machen (coll.)*   to improve; *es macht sich*   it comes along (well)
6. *Personal angeschafft* = *ich habe Personal angeschafft: Personal an-schaffen*   to take on personnel
7. *stelle ... ein* = *ich stelle ... ein: ein-stellen*   to hire
9. *die* = *Fräulein Luise · saubere: sauber*   clean; here, fine
18. *getrieben: treiben, ie, ie mit*   to carry on with; *er hat es schlimm mit der armen Frau getrieben*   he carried on terribly with the poor woman; here, he behaved terribly with ...
20. *ein Mädchen ins Unglück stürzen*   lit. to push a girl into misfortune, i.e. to ruin a girl · *Pfui Teufel!*   expletive; here, Shame on him!
21. *schwatzt: schwatzen*   to gossip, talk indiscreetly
26. *bloßstellen: stellen*   to place; *bloß*   bare, naked; *bloß-stellen*   to expose; to compromise (a person)
27. *geboten: bieten, o, o auf*   to offer for
28. *einschreiten: ein-schreiten, i, i*   to step in, intervene
30. *Volkszornes: der Zorn*   anger, wrath; *das Volk*   people
31. *weiß Gott*   God knows · *durchgemacht: durch-machen*   to go through
34. *bauen ... um: der Bau*   structure; *das Gebäude, -*   building; *bauen*   to build; *um-bauen*   to make alterations
35. *hinpflanzen: die Pflanze, -n*   plant; *pflanzen*   to plant; *sich hin-pflanzen*   lit. to plant oneself, i.e. to put oneself in an immovable position

FRAU ILL: Aufschreiben?

DER ERSTE: Aufschreiben.

FRAU ILL: Wie gehts im Geschäft?

DER ERSTE: Macht sich.

FRAU ILL: Kann auch nicht klagen.

DER ERSTE: Personal angeschafft.

FRAU ILL: Stelle auch ein am ersten.

Fräulein Luise geht elegant gekleidet vorüber.

DER ERSTE: Die macht sich saubere Illusionen, sich so zu kleiden.

Glaubt wohl, wir würden Ill töten.

FRAU ILL: Schamlos.

DER ERSTE: Wo ist er denn? Sah ihn lange nicht.

FRAU ILL: Oben.

Der Erste zündet sich eine Zigarette an, horcht nach oben.

DER ERSTE: Schritte.

FRAU ILL: Geht im Zimmer herum. Seit Tagen.

DER ERSTE: Das schlechte Gewissen. Schlimm hat er's mit der armen Frau Zachanassian getrieben.

FRAU ILL: Ich leide auch darunter.

DER ERSTE: Ein Mädchen ins Unglück stürzen. Pfui Teufel. *Entschlossen*: Frau Ill, ich hoffe nicht, daß Ihr Mann schwatzt, wenn die Journalisten kommen.

FRAU ILL: Aber nein.

DER ERSTE: Bei seinem Charakter.

FRAU ILL: Ich habe es schwer, Herr Hofbauer.

DER ERSTE: Wenn er Klara bloßstellen will, Lügen erzählen, sie hätte was auf seinen Tod geboten oder so, was doch nur ein Ausdruck des namenloses Leids gewesen ist, *müssen* wir einschreiten. Nicht der Milliarde wegen. *Er spuckt aus.* Sondern des Volkszornes wegen. Die brave Frau Zachanassian hat weiß Gott schon genug seinetwegen durchgemacht. *Er schaut sich um*: Gehts hier in die Wohnung hinauf?

FRAU ILL: Der einzige Aufgang. Unpraktisch. Aber im Frühling bauen wir um.

DER ERSTE: Da will ich mich mal hinpflanzen. Sicher ist sicher.

121

1. *verschränkt: verschränken*   to fold (as of arms)
5. *meine Art: die Art, -en*   kind, habit, manner
8. *Steinhäger*   name of a brandy
12. *Volkswagen*   German automobile · *das Ferkel, -*   suckling pig
13. *schenkt ein: ein-schenken*   to pour, fill (as with a liquid)
19. *hin und her*   to and fro; back and forth
22. *der Manchesteranzug*   suit made of material that was first produced in Manchester, England, i.e. corduroy · *die Baskenmütze*   Basque cap, beret
26. *tat = ich tat*
28. *die Staffelei*   painter's easel
34. *ähnlich*   similar; *here,* like him
35. *hält: halten, ie, a*   to hold; to stop; to keep; to last;   *hält ewig*   lasts forever

Der erste stellt sich ganz rechts auf, die Arme verschränkt, ruhig,
wie ein Wärter. Der Lehrer kommt.

DER LEHRER: Ill?

DER ERSTE: Oben.

DER LEHRER: Es ist zwar nicht so meine Art, doch ich benötige 5
ein starkes alkoholisches Getränk.

FRAU ILL: Schön, daß Sie uns auch einmal besuchen, Herr Lehrer.
Habe neuen Steinhäger. Wollen Sie probieren?

DER LEHRER: Ein Gläschen.

FRAU ILL: Sie auch, Herr Hofbauer? 10

DER ERSTE: Nein, danke. Muß noch nach Kaffigen mit meinem
Volkswagen. Ferkel einkaufen.
Frau Ill schenkt ein, der Lehrer trinkt.

FRAU ILL: Sie zittern ja, Herr Lehrer.

DER LEHRER: Trinke zu viel in der letzten Zeit. 15

FRAU ILL: Noch eins wird nicht schaden.

DER LEHRER: Er geht herum?
Er horcht nach oben.

FRAU ILL: Immer hin und her.

DER ERSTE: Gott wird ihn strafen. 20
Der Maler kommt von links mit einem Bild unter dem Arm. Neuer
Manchesteranzug, buntes Halstuch, schwarze Baskenmütze.

DER MALER: Vorsicht. Zwei Journalisten fragten mich nach
diesem Laden.

DER ERSTE: Verdächtig. 25

DER MALER: Tat, als wüßte ich nichts.

DER ERSTE: Klug.

DER MALER: Für Sie, Frau Ill. Frisch von der Staffelei. Noch
feucht.
Er zeigt das Bild, der Lehrer schenkt sich selber ein. 30

FRAU ILL: Mein Mann.

DER MALER: Die Kunst beginnt zu florieren in Güllen. Malerei,
wie?

FRAU ILL: Und ähnlich.

DER MALER: Öl. Hält ewig. 35

1. *könnte = ich könnte*
2. *passiert: passieren* to happen
5. *fingiert: fingieren* to simulate · *Schaufenster: das Fenster, -* window; *schauen* to look; *das Schaufenster* shop window
6. *hellichten: hellicht* bright; *am hellichten Tage* in broad daylight
7. *tun gerade = sie tun gerade: tun, a, a* to do; *tun als ob* to do as if, behave as if; *sie tun gerade als ob* they almost behave as if · *reinsten:* (superl. of *rein* clean, pure) regular, actual
11. *macht nichts = es macht nichts:* it doesn't matter
16. *dichthalten: halten, ie, a* to hold; *dicht* close; tight, leakproof; *dicht-halten, ie, a* lit. to hold tight, i.e. to keep one's mouth shut
18. *gesorgt: sorgen für* to take care of
20. *Pressemänner = Männer der Presse, Journalisten*
32. *vorgezogen: vor-ziehen, o, o* to prefer

FRAU ILL: Könnte das Bild im Schlafzimmer aufhängen. Übers Bett. Alfred wird alt. Da weiß man nie, was passiert und ist froh, eine Erinnerung zu haben.

Draußen gehen die beiden Frauen vom zweiten Akt elegant ge-kleidet vorbei und betrachten die Ware im fingierten Schaufenster. 5

DER ERSTE: Diese Weiber. Gehn ins neue Kino am hellichten Tage. Tun gerade, als ob wir die reinsten Mörder wären!

FRAU ILL: Teuer?

DER MALER: Dreihundert.

FRAU ILL: Kann jetzt nicht zahlen. 10

DER MALER: Macht nichts. Ich warte, Frau Ill, ich warte ge-mütlich.

DER LEHRER: Die Schritte, immer die Schritte.

Von links kommt der Zweite.

DER ZWEITE: Die Presse. 15

DER ERSTE: Dichthalten. Auf Tod und Leben.

DER MALER: Aufpassen, daß er nicht nach unten kommt.

DER ERSTE: Dafür ist gesorgt.

Die Güllener stellen sich rechts auf. Der Lehrer hat die Flasche halb ausgetrunken und bleibt am Ladentisch stehen. Zwei Pressemänner 20 *kommen mit Photoapparaten.*

PRESSEMANN I: Guten Abend, ihr Leute.

DIE GÜLLENER: Grüß Gott.

PRESSEMANN I: Frage eins: Wie fühlt ihr euch, allgemein ge-sprochen? 25

DER ERSTE *verlegen*: Wir sind natürlich erfreut über den Besuch der Frau Zachanassian.

DER MALER: Gerührt.

DER ZWEITE: Stolz.

PRESSEMANN I: Stolz. 30

PRESSEMANN II: Frage zwei an die Frau hinter dem Ladentisch: Es wurde behauptet, Sie seien Claire Zachanassian vorge-zogen worden.

125

1. *sichtlich: sehen, a, e* to see; *die Sicht* sight, view; *sichtlich* visibly
3. *gleichgültig: gelten, a, o* to mean; to be valid, be of value; *gültig* valid; *gleich* equal, same; *die Gleichgültigkeit* indifference; *gleichgültig* indifferent
5. *die beiden* both, the two; *das Onkelchen* little uncle, i.e. little fellow
10. *verflucht: der Fluch, ⁻e* curse, oath; *fluchen* to (utter a) curse, swear; *verfluchen* to curse, swear at; *verflucht* cursed, (as interjection) damn!
14. *stimmts = stimmt es*
20. *vorstellen: sich etwas vorstellen* to imagine something
23. *geschwisterlich: die Geschwister* brother and sister; *geschwisterlich* like brother and sister
24. *Ungewohnte: sich an etwas gewöhnen* to get used to something; *die Gewohnheit, -en* habit; *ungewohnt* unfamiliar; *das Ungewohnte* that which is not familiar
28. *Köpfchen (slang)* = I have a good head, I'm smart
    verzichtet: verzichten to forego; *der Verzicht* renunciation
30. *aus here,* because of

Stille. Die Güllener sind sichtlich erschrocken.

FRAU ILL: Wer behauptet das?

Schweigen. Die beiden Pressemänner schreiben gleichgültig in ihre Notizbücher.

PRESSEMANN I: Die beiden kleinen dicken blinden Onkelchen 5
der Frau Zachanassian.

Stille.

FRAU ILL *zögernd*: Was erzählten die Onkelchen?

PRESSEMANN II: Alles.

DER MALER: Verflucht. 10

Stille.

PRESSEMANN II: Claire Zachanassian und der Besitzer dieses
Ladens hätten sich vor mehr als vierzig Jahren beinahe geheiratet. Stimmts?

Schweigen. 15

FRAU ILL: Stimmt.

PRESSEMANN II: Ist Herr Ill anwesend?

FRAU ILL: In Kalberstadt.

ALLE: In Kalberstadt.

PRESSEMANN I: Wir können uns die Romanze vorstellen. Herr 20
Ill und Claire Zachanassian wachsen zusammen auf, sind vielleicht Nachbarskinder, gehen gemeinsam in die Schule, Spa-
ziergänge in den Wald, die ersten Küsse, geschwisterlich, bis
Herr Ill Sie kennenlernt, gute Frau, als das Neue, das Ungewohnte, als die Leidenschaft. 25

FRAU ILL: Leidenschaft. Es ist genau so passiert, wie Sie es erzählen.

PRESSEMANN I: Köpfchen, Frau Ill. Claire Zachanassian begreift,
verzichtet auf ihre stille, edle Art, und Sie heiraten...

FRAU ILL: Aus Liebe. 30

DIE ANDEREN GÜLLENER *erleichtert*: Aus Liebe.

PRESSEMANN I: Aus Liebe.

3. *jammernd: der Jammer* misery, wretchedness; *jammern* to wail
6. *Peitsche: peitschen* to whip; *die Peitsche, -n* whip
7. *hin und wieder* now and then
9. *reuen: die Reue* repentance; regret, remorse; *reuen* to be sorry, regret; *es reut mich* I regret
13. *hinter die Ohren schreiben* *lit.* to write down behind one's ears, i.e. to note carefully
14. *die Wildlederjacke* buckskin jacket
17. *weiß er Bescheid: der Bescheid, -e* information; knowledge; *Bescheid wissen, u, u* to know
26. *rafft sich ... auf: sich auf-raffen* to pull oneself together
28. *zu alledem* to all this
32. *übriggeblieben: bleiben, ie, ie* to remain; *übrig* (left) over, remaining; *übrig-bleiben, ie, ie* to be left over, remain

Von rechts kommen die beiden Eunuchen, von Roby am Ohr geführt.

DIE BEIDEN *jammernd*: Wir wollen nichts mehr erzählen, wir wollen nichts mehr erzählen.

Sie werden nach dem Hintergrund gebracht, wo sie Toby mit einer 5
Peitsche erwartet.

PRESSEMANN II: Ihr Mann, Frau Ill, ist er nicht hin und wieder, ich meine, es wäre schließlich menschlich, wenn es ihn hin und wieder reuen würde.

FRAU ILL: Geld allein macht nicht glücklich. 10

PRESSEMANN II: Nicht glücklich.

PRESSEMANN I: Eine Wahrheit, die wir moderne Menschen uns nicht oft genug hinter die Ohren schreiben können.
Der Sohn kommt von links. In einer Wildlederjacke.

FRAU ILL: Unser Sohn Karl. 15

PRESSEMANN I: Ein prächtiger junger Mann.

PRESSEMANN II: Weiß er Bescheid über die Beziehungen...

FRAU ILL: Wir kennen keine Geheimnisse in unserer Familie. Wir sagen immer: Was Gott weiß, sollen auch unsere Kinder wissen. 20

PRESSEMANN II: Kinder wissen.
Die Tochter betrit den Laden im Tenniskostüm, einen Tennisschläger in der Hand.

FRAU ILL: Unsere Tochter Ottilie.

PRESSEMANN II: Charmant. 25

Nun rafft sich der Lehrer auf.

DER LEHRER: Güllener. Ich bin euer alter Lehrer. Ich habe still meinen Steinhäger getrunken, zu alledem geschwiegen. Doch nun will ich eine Rede halten, vom Besuch erzählen der alten Dame in Güllen. 30
Er klettert auf das Fäßchen, das noch von der Peterschen Scheune übriggeblieben ist.

DER ERSTE: Verrückt geworden?

1. *aufhören: auf-hören* to stop
2. *verkünden: die Kunde* knowledge; information; *verkünden* to proclaim
4. *betrunken: trinken, a, u* to drink; *der Trank, ⁼e* drink; *betrunken* drunk
7. *schickst dich an: sich an-schicken* to get ready
8. *Maul halten! das Maul, ⁼er* mouth (as of animals); *Maul halten!* Shut your trap!
9. *runter = herunter* down
10. *raus = heraus* out
11. *bedenklich: bedenken, a, a* to consider; *bedenklich* critical, serious · *gediehen: gedeihen, ie, ie* to grow, develop
12. *flehend: flehen* to implore
13. *es wäre an dir* it would be up to you
14. *Donnerstimme: die Stimme, -n* voice; *der Donner* thunder
18. *angesichts* in face of · *die Weltöffentlichkeit: öffentlich* openly, publicly; *die Öffentlichkeit* public; *die Weltöffentlichkeit* world-wide public
23. *lassen vom Lehrer* let go of the teacher
26. *erleichtert* relieved
28. *der Erzengel* archangel
29. *schwankt: schwanken* to sway
32. *He?* Eh?

DER ZWEITE: Aufhören!

DER LEHRER: Güllener! Ich will die Wahrheit verkünden, auch wenn unsere Armut ewig währen sollte!

FRAU ILL: Sie sind betrunken, Herr Lehrer, Sie sollten sich schämen!   5

DER LEHRER: Schämen? Du solltest dich schämen, Weib, denn du schickst dich an, deinen Gatten zu verraten!

DER SOHN: Maul halten!

DER ERSTE: Runter mit ihm!

DER ZWEITE: Raus!   10

DER LEHRER: Bedenklich weit ist das Verhängnis schon gediehen!

DIE TOCHTER *flehend*: Herr Lehrer!

DER LEHRER: Du enttäuschest mich, Töchterchen. Es wäre an dir zu reden, und nun muß es ein alter Lehrer tun mit Donnerstimme!   15

Der Maler schlägt ihm das Bild über den Kopf.

DER MALER: Da! Du willst mir wohl die Aufträge nehmen!

DER LEHRER: Ich protestiere! Angesichts der Weltöffentlichkeit! Ungeheuerliche Dinge bereiten sich vor in Güllen! *Die Güllener stürzen sich auf ihn, doch kommt in diesem Augen-* 20 *blick von rechts in einem alten zerschlissenen Kleide.*

ILL: Was ist denn hier los in meinem Laden?

Die Güllener lassen vom Lehrer und starren Ill erschrocken an. Totenstille.

ILL: Was wollen Sie auf dem Faß, Lehrer?   25

Der strahlt Ill glücklich und erleichtert an.

DER LEHRER: Die Wahrheit, Ill. Ich erzähle den Herren von der Presse die Wahrheit. Wie ein Erzengel erzähle ich, mit tönender Stimme. *Er schwankt.* Denn ich bin ein Humanist, ein Freund der alten Griechen, ein Bewunderer Platos.   30

ILL: Schweigen Sie.

DER LEHRER: He?

ILL: Steigen Sie herunter.

DER LEHRER: Aber die Menschlichkeit –

ILL: Setzen Sie sich.   35

131

2. *ernüchtert: nüchtern* sober; *ernüchtert* sobered
10. *Aufnahmen: auf-nehmen, a, o* to take up; to take a photograph of; *die Auf-nahme, -n* reception; photographic picture; *ich mache eine Aufnahme* I take a picture
12. *Haushaltungsgegenstände: der Gegenstand, ⸚e* object, utensil; *die Haushaltung* household
13. *knipsen* to snap (a picture), photograph
15. *wirkt: wirken* to be effective
18. *reden ihm zu: jemandem zu-reden* to persuade somebody
25. *strahlen vor Glück* beam with happiness
26. *innerlich* heartfelt · *stillvergnügt: das Vergnügen, -* pleasure; *sich vergnügen* to have pleasure; *vergnügt* pleased, cheerful; *stillvergnügt* serenely cheerful
30. *gehen = sie gehen*
33. *das Titelbild* cover picture · *Life* name of a magazine

Schweigen.

DER LEHRER *ernüchtert*: Setzen. Die Menschlichkeit soll sich
setzen. Bitte – wenn auch Sie die Wahrheit verraten.
Er steigt vom Faß und setzt sich, das Bild noch über den Kopf ge-
stülpt.   5

ILL: Verzeihen Sie. Der Mann ist betrunken.

PRESSEMANN II: Herr Ill?

ILL: Was wollen Sie von mir?

PRESSEMANN I: Wir sind glücklich, daß wir Sie nun doch
treffen. Brauchen einige Aufnahmen. Dürfen wir bitten?   10
Er schaut sich um.

PRESSEMANN I: Lebensmittel, Haushaltungsgegenstände, Eisenwaren – ich habs: Knipsen wir, wie Sie ein Beil verkaufen.

ILL *zögernd*: Ein Beil?

PRESSEMANN I: Dem Metzger. Nur das Natürliche wirkt. Geben 15
Sie das Mordinstrument mal her. Ihr Kunde nimmt das Beil,
wiegt es in der Hand, macht ein nachdenkliches Gesicht,
und Sie neigen sich über den Ladentisch, reden ihm zu. Bitte.
Er arrangiert die Stellung.

PRESSEMANN I: Natürlicher, meine Herren, ungezwungener.   20
Die Pressemänner knipsen.

PRESSEMANN I: Schön, sehr schön.

PRESSEMANN II: Darf ich bitten, den Arm um die Schultern der
Gemahlin zu legen. Der Sohn links, die Tochter rechts. Und
nun bitte, strahlen vor Glück, strahlen, strahlen, zufrieden, 25
innerlich, stillvergnügt strahlen.

PRESSEMANN I: Großartig gestrahlt.

Von links vorne rennen einige Photographen nach hinten links über
die Bühne. Einer ruft in den Laden hinein.

DER PHOTOGRAPH: Die Zachanassian hat einen neuen. Gehen 30
eben im Konradsweilerwald spazieren.

PRESSEMANN II: Einen neuen!

PRESSEMANN I: Das gibt ein Titelbild für die Life.

Die beiden Pressemänner rennen aus dem Laden. Schweigen. Der
Erste hält noch immer das Beil in der Hand.   35

133

1. *Glück gehabt = wir haben Glück gehabt*
3. *beilegen: eine Angelegenheit gütlich beilegen*   to settle a matter amicably
4. *kapiert = hast du kapiert: kapieren (coll.)*   to understand
7. *der Halunke, -n, -n*   rascal
10. *nun kommen wir noch in die Illustrierten*   *lit.* now we will even get into the illustrated (periodicals), i.e. we will be written up in the magazines
14. *Partagas*   name of an expensive cigar
18. *offen gesagt*   *lit.* said openly, i.e. frankly speaking · *angetan: an-tun, a, a (with dat.)*   to do to
19. *der Schuft, -e*   scoundrel
31. *Reißen Sie sich zusammen: sich zusammen-reißen, i, i*   to pull oneself together
33. *Verbindung: die Verbindung, -en*   connection; *sich in Verbindung setzen mit*   to get in touch with

DER ERSTE *erleichtert:* Glück gehabt.

DER MALER: Du mußt entschuldigen, Schulmeister. Wenn wir (die Angelegenheit noch gütlich beilegen) wollen, darf die Presse nichts erfahren. Kapiert?

Er geht hinaus. Der Zweite folgt ihm, bleibt aber noch vor Ill stehen.

DER ZWEITE: Klug, äußerst klug, keinen Unsinn zu schwatzen. Einem Halunken wie dir würde man ja auch kein Wort glauben.

Er geht.

DER ERSTE: Nun kommen wir noch in die Illustrierten, Ill.

ILL: Eben.

DER ERSTE: Werden berühmt.

ILL: Sozusagen.

DER ERSTE: Eine Partagas.

ILL: Bitte.

DER ERSTE: Schreibens auf.

ILL: Selbstverständlich.

DER ERSTE: Offen gesagt: Was Sie Klärchen angetan haben, tut nur ein Schuft.

Er will gehen.

ILL: Das Beil, Hofbauer.

Der Erste zögert, gibt ihm dann das Beil zurück. Im Laden Schweigen. Der Lehrer sitzt immer noch auf seinem Faß.

DER LEHRER: Sie müssen entschuldigen. Ich habe einige Steinhäger probiert, so zwei oder drei.

ILL: In Ordnung.

Die Familie geht nach rechts hinaus.

DER LEHRER: Ich wollte Ihnen helfen. Aber man schlug mich nieder und auch Sie wollten es nicht. *Er befreit sich vom Bilde.* Ach Ill. Was sind wir für Menschen. Die schändliche Milliarde brennt in unseren Herzen. Reißen Sie sich zusammen, kämpfen Sie um Ihr Leben, setzen Sie sich mit der Presse in Verbindung, Sie haben keine Zeit mehr zu verlieren.

ILL: Ich kämpfe nicht mehr.

135

2. *vor Angst* because of fear; *die Angst, ^ue* fear, anxiety; *Angst haben vor* to be afraid of; *sich ängstigen* to be afraid

3. *sah ein: ein-sehen, a, e* to realize

5. *die Erzhure* arch-harlot; prefix *erz* is used as an intensifier, cf. *erzdumm* extremely stupid; *der Erzengel* archangel; *der Erzherzog* archduke

10. *windiger: der Wind, -e* wind; *windig* windy, *here* thoughtless

26. *Grundsätzliches: der Grundsatz, ^ue* principle; *etwas Grundsätzliches* something basic

27. *kerzengerade: gerade* straight; *die Kerze, -n* candle

30. *wahr: die Wahrheit, -en* truth; *wahr* true; *niemand will es wahr haben* nobody wants to admit that it's true

34. *der Säufer* drunkard

DER LEHRER *verwundert*: Sagen Sie mal, Sie haben wohl ganz den Verstand verloren vor Angst?

ILL: Ich sah ein, daß ich kein Recht mehr habe.

DER LEHRER: Kein Recht? Gegenüber dieser verfluchten alten Dame, dieser Erzhure, die ihre Männer wechselt vor unseren   5
Augen, schamlos, die unsere Seelen einsammelt?

ILL: Ich bin schließlich schuld daran.

DER LEHRER: Schuld?

ILL: Ich habe Klara zu dem gemacht, was sie ist und mich zu dem, was ich bin, ein verschmierter windiger Krämer. Was 10
soll ich tun, Lehrer von Güllen? Den Unschuldigen spielen? Alles ist meine Tat, die Eunuchen, der Butler, der Sarg, die Milliarde. Ich kann mir nicht mehr helfen und auch euch nicht mehr.

Er nimmt das zerfetzte Bild und betrachtet es.   15

ILL: Mein Porträt.

DER LEHRER: Ihre Frau wollte es im Schlafzimmer aufhängen. Übers Bett.

ILL: Kühn malt es schon wieder.

Er legt das Bild auf den Ladentisch. Der Lehrer steht auf, mühsam, 20
schwankend.

DER LEHRER: Bin nüchtern. Auf einmal.

Er geht wankend auf Ill zu.

DER LEHRER: Sie haben recht. Vollkommen. Sie sind schuld an allem. Und nun will ich Ihnen etwas sagen, Alfred Ill, etwas 25
Grundsätzliches.

Er bleibt kerzengerade vor Ill stehen, nur noch leicht schwankend.

DER LEHRER: Man wird Sie töten. Ich weiß es, von Anfang an, und auch Sie wissen es schon lange, auch wenn es in Güllen sonst niemand wahr haben will. Die Versuchung ist zu groß 30
und unsere Armut zu bitter. Aber ich weiß noch mehr. Auch ich werde mitmachen. Ich fühle, wie ich langsam zu einem Mörder werde. Mein Glaube an die Humanität ist machtlos. Und weil ich dies weiß, bin ich ein Säufer geworden. Ich fürchte mich, Ill, so wie Sie sich gefürchtet haben. Noch weiß 35

2. *geschehen: geschehen, a, e* to take place, happen; *das Geschehnis, -(ss)e* happening, event; cf. *die Geschichte, -n* history; story

7. *entschlossen: sich entschließen, o, o* to make up one's mind, decide; *der Entschluß, ⁻(ss)e* resolve, decision; *entschlossen* resolutely

10. *wie träumend: der Traum, ⁻e* dream; *träumen* to dream; *wie träumend* as if dreaming

12. *modern wie das jetzt = wie das jetzt modern*

16. *Stunden: die Stunde, -n* hour; lesson

22. *Opel Olympia* German automobile

29. *dabei* in doing so · *der Pelzmantel: der Pelz, -e* fur; *der Mantel, ⁻* coat, overcoat

31. *Zur Ansicht: an-sehen, a, e* to look at, view; *die Ansicht, -en* sight, view; opinion; *zur Ansicht* lit. for view, i.e. on approval

33. *hysterisch* hysterical

ich, daß auch einmal zu uns eine alte Dame kommen wird, eines Tages, und daß dann mit uns geschehen wird, was nun mit Ihnen geschieht, doch bald, in wenigen Stunden vielleicht, werde ich es nicht mehr wissen. *Schweigen.* Noch eine Flasche Steinhäger.

Ill stellt ihm eine Flasche hin, der Lehrer zögert, dann nimmt er die Flasche entschlossen zu sich.

DER LEHRER: Schreiben Sie sie auf.

Er geht langsam hinaus.

Die Familie kommt wieder. Ill schaut sich wie träumend im Laden um.

ILL: Alles neu. Modern wie dies jetzt bei uns aussieht. Sauber, appetitlich. So ein Laden war immer mein Traum.

Er nimmt seiner Tochter den Tennisschläger aus der Hand.

ILL: Du spielst Tennis?

DIE TOCHTER: Habe einige Stunden genommen.

ILL: Morgens früh, nicht wahr? Statt aufs Arbeitsamt zu gehen?

DIE TOCHTER: Alle spielen Tennis von meinen Freundinnen.

Schweigen.

ILL: Ich habe dich in einem Wagen gesehen, Karl, vom Zim- mer aus.

DER SOHN: Nur ein Opel Olympia, die sind nicht so teuer.

ILL: Wann lerntest du fahren?

Schweigen.

ILL: Statt Arbeit zu suchen beim Bahnhof in der prallen Sonne?

DER SOHN: Manchmal.

Der Sohn trägt verlegen das kleine Faß nach rechts hinaus, auf dem der Betrunkene saß.

ILL: Ich suchte mein Sonntagskleid. Dabei fand ich einen Pelz- mantel.

FRAU ILL: Zur Ansicht.

Schweigen.

FRAU ILL: Alle machen Schulden, Fredi. Nur du bist hysterisch.

139

3. *gekrümmt: krumm* bent, crooked; *krümmen* to bend, curl; *ohne daß dir auch nur ein Haar gekrümmt wird* lit. without that a single hair of yours will be curled, i.e. without anybody harming you · *aufs Ganze: ganz* whole, entire; *aufs Ganze gehen, i, a* to go all out for something

4. *es = das Klärchen*

13. *schickt sich: sich schicken* to be proper; *schicklich* proper; *es schickt sich nicht* it is not proper

16. *eingeweiht: ein-weihen* to dedicate, inaugurate; to initiate

17. *die Kasse:* till, cash box; *die Kasse machen* to do the accounts

22. *schaue ... herein: herein-schauen* to look in

30. *Gemeindeversammlung: sich versammeln* to gather, meet; *die Versammlung, -en* gathering, meeting; *die Gemeinde, -n* commune, town

Deine Furcht ist einfach lächerlich. Es ist doch klar, daß sich die Sache friedlich arrangiert, ohne daß dir auch nur ein Haar gekrümmt wird. Klärchen geht nicht aufs Ganze, ich kenne es, da hat es ein zu gutes Herz.

DIE TOCHTER: Bestimmt, Vater.

DER SOHN: Das mußt du doch einsehen.

Schweigen.

ILL *langsam*: Es ist Sonnabend. Ich möchte mit deinem Wagen fahren, Karl, ein einziges Mal. Mit *unserem* Wagen.

DER SOHN *unsicher*: Du willst?

ILL: Zieht eure guten Kleider an. Wir wollen miteinander fahren.

FRAU ILL *unsicher*: Ich soll auch mitfahren? Das schickt sich doch nicht.

ILL: Warum soll sich dies nicht schicken? Zieh deinen Pelz-mantel an, da wird er eingeweiht bei dieser Gelegenheit. Ich mache unterdessen die Kasse.

Frau und Tochter gehen nach rechts hinaus, der Sohn nach links, Ill beschäftigt sich mit der Kasse. Von links kommt der Bürger-meister mit dem Gewehr.

DER BÜRGERMEISTER: Guten Abend, Ill. Lassen Sie sich nicht stören. Ich schaue nur schnell bei Ihnen herein.

ILL: Aber bitte.

Schweigen.

DER BÜRGERMEISTER: Ich bringe ein Gewehr.

ILL: Danke.

DER BÜRGERMEISTER: Es ist geladen.

ILL: Ich brauche es nicht.

Der Bürgermeister lehnt das Gewehr an den Ladentisch.

DER BÜRGERMEISTER: Heute abend ist Gemeindeversammlung. Im goldenen Apostel. Im Theatersaal.

ILL: Ich komme.

141

2. *Zwangslage: die Lage, -n* position, situation; *zwingen, a, u* to force, compel; *der Zwang* compulsion; *die Zwangslage, -n lit.* forced situation, i.e. embarrassing situation, predicament

12. *der Rundfunk = das Radio · die Filmwochenschau* movie newsreel

13. *heikle: heikel* ticklish, difficult, delicate

16. *die Reportage* eye-witness account, write-up · *die Einrichtung* institution

20. *Eingeweihten: ein-weihen* to dedicate, inaugurate, initiate; to let somebody in on a secret; *der Eingeweiht-* person who is in on a secret, the initiated

22. *um ... geht: gehen, i, a* to go; *es geht um* it is a question of

24. *orientiere: orientieren* to orient, locate; to inform, brief · *dahin, daß* to the effect that

26. *vermittelt: vermitteln* to mediate; to negotiate, arrange

28. *reingewaschen: waschen, u, a* to wash; *rein* clean; *reingewaschen lit.* washed clean, i.e. cleared, vindicated

31. *kreuzbraven: kreuzbrav* thoroughly honest (*kreuz* is here used as an intensifier; cf. *kreuzfidel* very cheerful)

32. *zuliebe* for the sake of

DER BÜRGERMEISTER: Alle kommen. Wir behandeln Ihren Fall.
Wir sind in einer gewissen Zwangslage.

ILL: Finde ich auch.

DER BÜRGERMEISTER: Man wird den Vorschlag ablehnen.

ILL: Möglich.

DER BÜRGERMEISTER: Man kann sich freilich irren. 5

ILL: Freilich.

Schweigen.

DER BÜRGERMEISTER *vorsichtig*: In diesem Fall, würden Sie den
Urteilsspruch annehmen, Ill? Die Presse ist nämlich dabei. 10

ILL: Die Presse?

DER BÜRGERMEISTER: Auch der Rundfunk, das Fernsehen, die
Filmwochenschau. Eine heikle Situation, nicht nur für Sie, auch
für uns, glauben Sie mir. Als Heimatstädtchen der Dame und
durch ihre Heirat im Münster sind wir so bekannt geworden, 15
daß eine Reportage über unsere alten demokratischen Ein-
richtungen gemacht wird.

Ill beschäftigt sich mit der Kasse.

ILL: Sie geben den Vorschlag der Dame öffentlich bekannt?

DER BÜRGERMEISTER: Nicht direkt – nur die Eingeweihten wer- 20
den den Sinn der Verhandlung verstehen.

ILL: Daß es um mein Leben geht.

Schweigen.

DER BÜRGERMEISTER: Ich orientiere die Presse dahin, daß –
möglicherweise – Frau Zachanassian eine Stiftung errichten 25
werde und daß Sie, Ill, diese Stiftung vermittelt hätten als ihr
Jugendfreund. Daß Sie dies waren, ist ja nun bekannt geworden. Damit sind Sie rein äußerlich reingewaschen, was
sich auch ereignet.

ILL: Das ist lieb von Ihnen.

DER BÜRGERMEISTER: Ich tat es nicht Ihnen, sondern Ihrer kreuz- 30
braven, ehrlichen Familie zuliebe, offen gestanden.

ILL: Begreife.

DER BÜRGERMEISTER: Wir spielen ein faires Spiel, das müssen
Sie zugeben. Sie haben bis jetzt geschwiegen. Gut. Doch wer- 35

2. *eben* simply
8. *vorher* beforehand
11. *ausfällt: aus-fallen, ie, a* to turn out, come out, come off
15. *sich ... unterziehen: sich unter-ziehen, o, o (with dat.)* to submit to
16. *glimmt: glimmen, o, o* to glimmer, glow
24. *abgeurteilt: urteilen* to judge; *das Urteil, -e* judgment, verdict; *ab-urteilen* to pass judgment on
28. *Gemeinschaftsgefühl: fühlen* to feel; *das Gefühl, -e* feeling; *die Gemeinschaft* community; *das Gemeinschaftsgefühl* public-spiritedness

den Sie auch weiterhin schweigen? Wenn Sie reden wollen,
müssen wir das Ganze eben ohne Gemeindeversammlung
machen.

ILL: Verstehe.

DER BÜRGERMEISTER: Nun?

ILL: Ich bin froh, eine offene Drohung zu hören.

DER BÜRGERMEISTER: Ich drohe Ihnen nicht, Ill, Sie drohen uns.
Wenn Sie reden, müssen wir dann eben auch handeln. Vorher.

ILL: Ich schweige.

DER BÜRGERMEISTER: Wie der Beschluß der Versammlung auch
ausfällt?

ILL: Ich nehme ihn an.

DER BÜRGERMEISTER: Schön.

Schweigen.

DER BÜRGERMEISTER: Daß Sie sich dem Gemeindegericht unter-
ziehen, freut mich, Ill. Ein gewisses Ehrgefühl glimmt noch
in Ihnen. Aber wäre es nicht besser, wenn wir dieses Gemeindegericht gar nicht erst versammeln müßten?

ILL: Was wollen Sie damit sagen?

DER BÜRGERMEISTER: Sie sagten vorhin, Sie hätten das Gewehr
nicht nötig. Vielleicht haben Sie es nun trotzdem nötig.

Schweigen.

DER BÜRGERMEISTER: Wir könnten dann der Dame sagen, wir
hätten Sie abgeurteilt und erhielten das Geld auch so. Es hat
mich Nächte gekostet, diesen Vorschlag zu machen, das können Sie glauben. Es wäre doch nun eigentlich Ihre Pflicht, mit
Ihrem Leben Schluß zu machen, als Ehrenmann die Konse-
quenzen zu ziehen, finden Sie nicht? Schon aus Gemeinschaftsgefühl, aus Liebe zur Vaterstadt. Sie sehen ja unsere
bittere Not, das Elend, die hungrigen Kinder...

ILL: Es geht euch jetzt ganz gut.

DER BÜRGERMEISTER: Ill!

ILL: Bürgermeister! Ich bin durch eine Hölle gegangen. Ich sah,
wie ihr Schulden machtet, spürte bei jedem Anzeichen des
Wohlstands den Tod näher kriechen. Hättet ihr mir diese

145

3. *besiegte: der Sieg, -e* victory; *besiegen* to conquer
5. *Zurück: zurück* back; *das Zurück* (going) back
6. *unterwerfe: werfen, a, o* to throw; *unterwerfen, a, o* to subject
8. *besteht: bestehen, a, a* to stand steadfast, persist; to stand (a test), not to fail
9. *wehre mich: sich wehren* to defend oneself
10. *abnehmen: ab-nehmen, a, o* to take off, take away (from)
12. *verpassen* to miss
18. *vornehm: die Vornehmheit* distinction; refined manners; *vornehm* noble, elegant, refined; distinguished
19. *Persianer* Persian lamb
22. *gewagt: wagen* to dare; *gewagt* daring
23. *aber geh* oh, go on
25. *fährt ... vor: vor-fahren, u, a* to drive up
26. *mühte ich mich ab: die Mühe, -n* labor, effort, trouble; *sich ab-mühen* to labor, toil
27. *Bequemlichkeit: bequem* comfortable; *die Bequemlichkeit, -en* comfort
28. *eben* just

Angst erspart, dieses grauenhafte Fürchten, wäre alles anders gekommen, könnten wir anders reden, würde ich das Gewehr nehmen. Euch zuliebe. Aber nun schloß ich mich ein, besiegte meine Furcht. Allein. Es war schwer, nun ist es getan. Ein Zurück gibt es nicht. Ihr *müßt* nun meine Richter sein. Ich unterwerfe mich eurem Urteil, wie es nun auch ausfalle. Für mich ist es die Gerechtigkeit, was es für euch ist, weiß ich nicht. Gott gebe, daß ihr vor eurem Urteil besteht. Ihr könnt mich töten, ich klage nicht, protestiere nicht, wehre mich nicht, aber euer Handeln kann ich euch nicht abnehmen. 10

Der Bürgermeister nimmt das Gewehr wieder zu sich.

DER BÜRGERMEISTER: Schade. Sie verpassen die Chance, sich reinzuwaschen, ein halbwegs anständiger Mensch zu werden. Doch das kann man von Ihnen ja nicht verlangen.

ILL: Feuer, Herr Bürgermeister. 15

Er zündet ihm die Zigarette an. Der Bürgermeister ab.

Die Frau kommt im Pelzmantel, die Tochter in einem roten Kleide.

ILL: Vornehm siehst du aus, Mathilde.

FRAU ILL: Persianer.

ILL: Wie eine Dame. 20

FRAU ILL: Etwas teuer.

ILL: Schön, dein Kleid, Ottilie. Doch gewagt, findest du nicht?

DIE TOCHTER: Aber geh, Vater. Da solltest du erst mein Abendkleid sehen.

Der Laden verschwindet. Der Sohn fährt mit dem Auto vor. 25

ILL: Ein schöner Wagen. Ein ganzes Leben lang mühte ich mich ab, es zu einem kleinen Vermögen zu bringen, zu etwas Bequemlichkeit, zu einem solchen Auto eben zum Beispiel, und nun, wie es so weit ist, möchte ich doch wissen, wie man sich fühlt dabei. Du kommst mit mir nach hinten, Mathilde, und 30 Ottilie sitzt neben Karl.

Sie steigen ins Auto.

DER SOHN: Hundertzwanzig kann ich fahren.

147

1. Ill uses here and in the following an elevated, inverted, literary style
3. *renoviert* renovated · *Kaminen: der Kamin, -e* chimney
4. *Geranien: die Geranie, -n* geranium
5. *Goethetor: das Tor, -e* gate; *das Goethetor* proper name (gate named after Goethe)
6. *Neubau: bauen* to build; *der Bau* structure, building; *der Neubau* new building · *Brahmsplatz: der Platz, ⸚e* square; *der Brahmsplatz* proper name (square named after Brahms)
7. *Kaffee-Hodel* name of a café
8. *Mercedes 300* German automobile (expensive)
12. *Schlote: der Schlot, -e* smokestack
13. *in Betrieb gesetzt: in Betrieb setzen* to put into operation
16. *tutet: tuten* to honk a horn
17. *Fahrzeuge: das Fahrzeug, -e* vehicle
18. *Messerschmidt* name of very small make of auto
20. *c'est terrible (French)* that's terrible
21. *Fortbildungskurs: sich bilden* to educate oneself; *die Bildung, -en* education, cultivation; *sich fort-bilden* to continue one's education; *der Fortbildungskurs, -e* course in an adult education program
26. *bei dem Tempo* with this speed
28. *überholt: überholen* to overtake, pass · *Buick* American automobile
29. *Neureicher: reich* rich; *neureich* newly rich, parvenu
32. *Wolkenungetüme: das Ungetüm, -e* monster; *die Wolke, -n* cloud
33. *übereinandergetürmt: der Turm, ⸚e* tower; *übereinander-türmen* to pile on top of one another
34. *überschwemmt: überschwemmen* to inundate, flood

ILL: Nicht so schnell. Ich will die Gegend sehen, das Städtchen, wo ich lebte fast siebzig Jahre. Sauber die alten Gassen, vieles schon renoviert. Ein grauer Rauch über den Kaminen und Geranien vor den Fenstern, Sonnenblumen, Rosen in den Gärten beim Goethetor, Kinderlachen, Liebespaare überall. 5
Modern dieser Neubau am Brahmsplatz.

FRAU ILL: Der Kaffee-Hodel läßt bauen.

DIE TOCHTER: Der Arzt mit seinem Mercedes 300.

ILL: Die Ebene, die Hügel dahinter, heute wie vergoldet. Gewaltig die Schatten, in die wir tauchen und dann wieder das 10 Licht. Wie Riesen die Krane der Wagnerwerke am Horizonte und die Schlote von Bockmann.

DER SOHN: Werden in Betrieb gesetzt.

ILL: Wie?

DER SOHN *lauter*: Werden in Betrieb gesetzt. 15

Er tutet.

FRAU ILL: Komische Fahrzeuge.

DER SOHN: Messerschmidts. Jeder Lehrling muß so was anschaffen.

DIE TOCHTER: C'est terrible. 20

FRAU ILL: Ottilie nimmt einen Fortbildungskurs in Französisch und Englisch.

ILL: Praktisch. Die Platz-an-der-Sonne-Hütte. War schon lange nicht mehr da draußen.

DER SOHN: Soll vergrößert werden. 25

ILL: Du mußt lauter reden bei dem Tempo.

DER SOHN *lauter*: Soll vergrößert werden. Natürlich Stocker. Überholt mit seinem Buick alles.

DIE TOCHTER: Ein Neureicher.

ILL: Fahr nun durch die Niederung von Pückenried. Am Moor 30 vorbei und durch die Pappelallee um das Jagdschlößchen des Kurfürsten Hasso herum. Wolkenungetüme am Himmel, übereinandergetürmt wie im Sommer. Ein schönes Land, überschwemmt vom Abendlicht. Seh es heute wie zum ersten Mal. 35

149

1. *Adalbert Stifter*   Austrian author (1805–1868); *wie bei Adalbert Stifter*   as in Adalbert Stifter
8. *die Kurve schneidet: die Kurve schneiden, i, i*   to cut the curve
10. *erster Gang*   first (low) gear
11. *außer Atem*   out of breath
13. *verfahren: fahren, u, a*   to drive; *sich verfahren*   to take the wrong road
16. *Frack: der Frack, ⁔e*   tail coat
19. *Vorweltsstimmung: die Stimmung, -en*   mood; *die Vorwelt*   prehistoric world; *die Vorweltsstimmung*   mood of former ages, of a prehistoric world
20. *Autohupen: hupen*   to honk a horn
25. *gewildert: das Wild*   game; *wildern*   to hunt game illegally; to poach; *(es) wird nicht mehr gewildert*   people don't poach any more
30. *Feierabend: der Abend, -e*   evening; *die Feier, -n*   celebration; *der Feierabend, -e* evening leisure; time for leaving off work
31. *tönts = tönt es*

DIE TOCHTER: Eine Stimmung wie bei Adalbert Stifter.

ILL: Wie bei wem?

FRAU ILL: Ottilie studiert auch Literatur.

ILL: Vornehm.

DER SOHN: Hofbauer mit seinem Volkswagen. Kommt von 5
Kaffigen zurück.

DIE TOCHTER: Mit den Ferkeln.

FRAU ILL: Karl steuert sicher. Elegant wie er jetzt die Kurve
schneidet. Man braucht keine Angst zu haben.

DER SOHN: Erster Gang. Die Straße steigt. 10

ILL: Kam immer außer Atem, wenn ich da hinaufmarschierte.

FRAU ILL: Froh, daß ich meinen Pelzmantel habe. Es wird kühl.

ILL: Du hast dich verfahren. Hier gehts nach Beisenbach. Mußt
zurück und dann links in den Konradsweilerwald.

Der Wagen rollt nach dem Hintergrund. Die Vier kommen mit der 15
Holzbank, nun im Frack, markieren Bäume.

DER ERSTE: Wieder sind wir Tannen, Buchen.

DER ZWEITE: Specht und Kuckuck, scheues Reh.

DER DRITTE: Vorweltsstimmung, oft besungen.

DER VIERTE: Nun gestört durch Autohupen. 20

Der Sohn tutet.

DER SOHN: Wieder ein Reh. Läuft gar nicht von der Straße, das
Vieh.

Der Dritte springt davon.

DIE TOCHTER: Zutraulich. Wird nicht mehr gewildert. 25

ILL: Halte unter diesen Bäumen.

DER SOHN: Bitte.

FRAU ILL: Was willst du denn?

ILL: Durch den Wald gehen. *Er steigt aus.* Schön das Läuten der
Glocken von Güllen her. Feierabend. 30

DER SOHN: Vier Glocken. Erst jetzt tönts gemütlich.

ILL: Gelb alles, nun ist der Herbst auch wirklich da. Laub am
Boden wie Haufen von Gold.

151

2. *Güllenbrücke* proper name; *die Brücke, -n* bridge

6. *das Kino* movie theater

7. *servus!* hello! greetings! so long!

9. *auf bald!* = *Aufwiedersehen!*

14. *gewohnten* usual

16. *Nobelpreisträger* Nobel Prize winner · *graumelierte: graumeliert* mixed with grey

23. *Borkenkäfer: der Käfer, -* beetle; *die Borke* bark; *der Borkenkäfer* bark beetle · *stirbt ab: ab-sterben, a, o* to die, perish, wither

28. *Abschied: der Abschied, -e* departure; leave; good-bye; *Abschied nehmen, a, o* to bid farewell, take leave

29. *gehn* = *sie gehen*

Er stampft im Laub.

DER SOHN: Wir warten unten bei der Güllenbrücke.

ILL: Nicht nötig. Ich gehe durch den Wald ins Städtchen. Zur Gemeindeversammlung.

FRAU ILL: Dann fahren wir nach Kalberstadt, Fredi, und gehen 5 in ein Kino.

DER SOHN: Servus, Vater.

DIE TOCHTER: So long, Dady.

FRAU ILL: Auf bald! Auf bald!

Der Wagen mit der Familie verschwindet, fährt wieder rückwärts. 10
Die Familie winkt. Ill schaut ihr nach. Er setzt sich auf die Holz-
bank, die sich links befindet.

Windesrauschen. Von rechts kommen Roby und Toby mit der Sänfte,
in der sich Claire Zachanassian in ihrem gewohnten Kleid befindet.
Roby trägt eine Guitarre auf dem Rücken. Neben ihr schreitet ihr 15
Gatte IX, Nobelpreisträger, groß, schlank, graumelierte Haare und
Schnurrbart. [Kann vom immer gleichen Schauspieler dargestellt
werden.] Dahinter der Butler.

CLAIRE ZACHANASSIAN: Der Konradsweilerwald, Roby und Toby, haltet mal an. 20

Claire Zachanassian steigt aus der Sänfte, betrachtet den Wald
durch das Lorgnon, streicht dem Ersten über den Rücken.

CLAIRE ZACHANASSIAN: Borkenkäfer: Der Baum stirbt ab. *Sie bemerkt Ill.* Alfred! Schön, dich zu treffen. Besuche meinen Wald. 25

ILL: Gehört denn der Konradsweilerwald dir auch?

CLAIRE ZACHANASSIAN: Auch. Darf ich mich zu dir setzen?

ILL: Aber bitte. Ich habe eben von meiner Familie Abschied genommen. Gehn ins Kino. Karl hat sich einen Wagen angeschafft. 30

CLAIRE ZACHANASSIAN: Fortschritt.

Sie setzt sich neben Ill rechts.

8. *denk mal nicht*   don't think
10. *zier dich nicht: sich zieren*   to put on airs
19. *hält man sich: sich etwas halten, ie, a*   to keep something (such as a pet) · *Ausstellungszwecken: der Zweck, -e*   purpose; *aus-stellen*   to exhibit; *die Ausstellung, -en*   exhibition · *Nutzobject: der Nutzen*   use; *nützlich*   useful; *das Nutzobject, -e*   useful object
20. *geh forschen*   go exploring
23. *begannen = sie begannen · ließ = ich ließ*
24. *Opiumhöhlen: die Höhle, -n*   cave; den; *die Opiumhöhle*   opium den
27. *Romeo et Juliette*   name of a cigarette
28. *das Zigarettenetui*   cigarette case

ILL: Ottilie nimmt einen Kurs für Literatur. Dazu Englisch und Französisch.

CLAIRE ZACHANASSIAN: Siehst du, der Sinn für Ideale ist ihnen doch gekommen. Komm Zoby, verneig dich. Mein neunter Mann. Nobelpreisträger.

ILL: Sehr erfreut.

CLAIRE ZACHANASSIAN: Er ist besonders eigenartig, wenn er nicht denkt. Denk mal nicht, Zoby.

GATTE IX: Aber Schatzi...

CLAIRE ZACHANASSIAN: Zier dich nicht.

GATTE IX: Also gut.

Er denkt nicht.

CLAIRE ZACHANASSIAN: Siehst du, jetzt schaut er aus wie ein Diplomat. Erinnert mich an den Grafen Holk, nur schrieb der keine Bücher. Er will sich zurückziehen, seine Memoiren verfassen und mein Vermögen verwalten.

ILL: Gratuliere.

CLAIRE ZACHANASSIAN: Habe ein ungutes Gefühl. Einen Mann hält man sich zu Ausstellungszwecken, nicht als Nutzobjekt. Geh forschen, Zoby, die historische Ruine findest du links.

Gatte IX geht forschen. Ill sieht sich um.

ILL: Die beiden Eunuchen?

CLAIRE ZACHANASSIAN: Begannen zu schwatzen. Ließ sie wegschicken nach Hongkong, in eine meiner Opiumhöhlen. Dort können sie rauchen und träumen. Bald wird ihnen der Kammerdiener folgen. Den werde ich auch nicht mehr nötig haben. Eine Romeo et Juliette, Boby.

Der Butler kommt aus dem Hintergrund, reicht ihr ein Zigarettenetui.

CLAIRE ZACHANASSIAN: Willst du auch eine, Alfred?

ILL: Gerne.

CLAIRE ZACHANASSIAN: So nimm. Reich uns Feuer, Boby.

Sie rauchen.

ILL: Riecht aber gut.

CLAIRE ZACHANASSIAN: In diesem Wald haben wir oft zusammen

155

7. *vorspielen: einem etwas vor-spielen* to play something for someone
10. *begnadigte: die Gnade, -n* mercy; *begnadigen* to pardon; *die Begnadigung, -en* pardon, reprieve
11. *brauche ihn = ich brauche ihn*
13. *das Felsental: das Tal, ⸚er* valley; *der Felsen, -* rock
14. *beigebracht: jemandem etwas bei-bringen, a, e* to teach (someone something)
20. *Bub = der Bube, -n, -n* boy
26. *Geburt: gebären, a, o* to bear, give birth to; *geboren* born; *der Neugeboren-* newborn child; *die Geburt, -en* birth; *bei der Geburt* at birth, when it was born
27. *Fürsorge: sorgen für* to care for, take care of; *die Sorge, -n* worry, anxiety, care; *die Fürsorge* charity, welfare
32. *Neugeborenen:* see *Geburt*, above

geraucht, weißt du noch? Zigaretten, die du bei Mathildchen gekauft hast. Oder gestohlen.

Der Erste klopft mit dem Schlüssel auf die Tabakspfeife..

CLAIRE ZACHANASSIAN: Wieder der Specht.

DER VIERTE: Kuckuck! Kuckuck! 5

ILL: Und der Kuckuck.

CLAIRE ZACHANASSIAN: Soll dir Roby vorspielen auf seiner Guitarre?

ILL: Bitte.

CLAIRE ZACHANASSIAN: Er spielt gut, der begnadigte Raub- 10 mörder, brauche ihn für meine besinnlichen Minuten. Grammophone hasse ich und Radios.

ILL: Im afrikanischen Felsental marschiert ein Bataillon.

CLAIRE ZACHANASSIAN: Dein Lieblingslied. Habe es ihm beigebracht. 15

Schweigen. Sie rauchen. Kuckuck usw. Waldesrauschen. Roby spielt die Ballade.

ILL: Du hattest – ich meine, wir hatten ein Kind.

CLAIRE ZACHANASSIAN: Gewiß.

ILL: War es ein Bub oder ein Mädchen? 20

CLAIRE ZACHANASSIAN: Ein Mädchen.

ILL: Und was hast du ihm für einen Namen gegeben?

CLAIRE ZACHANASSIAN: Geneviève.

ILL: Hübscher Name.

CLAIRE ZACHANASSIAN: Ich sah das Ding nur einmal. Bei der 25 Geburt. Dann wurde es genommen. Von der christlichen Fürsorge.

ILL: Die Augen?

CLAIRE ZACHANASSIAN: Die waren noch nicht offen.

ILL: Die Haare? 30

CLAIRE ZACHANASSIAN: Schwarz, glaube ich, doch das sind sie ja oft bei Neugeborenen.

ILL: Das ist wohl so.

Schweigen. Rauchen. Guitarre.

ILL: Bei wem ist es gestorben? 35

157

1. *bei Leuten: die Leute* people; *bei Leuten* with people
3. *woran: sterben, a, o an* to die of (an illness); *woran?* what of?
4. *Hirnhautentzündung: entzünden* to inflame; *die Entzündung, -en* inflamation; *die Hirnhaut* lit. skin of the brain, i.e. meninges; *die Hirnhautentzündung* meningitis
6. *Todesfall: der Fall, ⁻e* case; *der Tod* death; *bei Todesfall* in case of death
13. *mußte = ich mußte*
16. *hast = du hast*
17. *nachstrich: nach-streichen, i, i* to follow stealthily
24. *Chrysanthemen: die Chrysantheme, -n* chrysanthemum
25. *machen sich schön: machen* to make, do; *sich machen* to do well, get on; *der Junge macht sich* the boy is doing nicely; *sich schön (adv.) machen* to give a pretty effect, look well
26. *nun ist es soweit* now the time has come
34. *Capri* Italian island, near Naples · *ließ = ich ließ* · *das Mausoleum* mausoleum (a magnificent tomb)
35. *Palazzo (Italian)* palace · *Zypressen: die Zypresse, -n* cypress · *Blick: blicken* to glance, look; *der Blick, -e* glance, look, view; *mit Blick aufs Mittelmeer* with a view of the Mediterranean

CLAIRE ZACHANASSIAN: Bei Leuten. Ich habe die Namen vergessen.

ILL: Woran?

CLAIRE ZACHANASSIAN: Hirnhautentzündung. Vielleicht auch etwas anderes. Ich erhielt eine Karte von der Behörde.

ILL: Bei Todesfall kann man sich auf die verlassen.

Schweigen.

CLAIRE ZACHANASSIAN: Ich erzählte dir von unserem Mädchen. Nun erzähl von mir.

ILL: Von dir?

CLAIRE ZACHANASSIAN: Wie ich war, als ich siebzehn war, als du mich liebtest.

ILL: Mußte dich einmal lange suchen in der Peterschen Scheune, fand dich in der Droschke in bloßem Hemde mit einem langen Strohhalm zwischen den Lippen.

CLAIRE ZACHANASSIAN: Du warst stark und mutig. Hast gegen den Eisenbähnler gekämpft, der mir nachstrich. Ich wischte dir das Blut aus dem Gesicht mit meinem roten Unterrock.

Das Guitarrenspiel schweigt.

CLAIRE ZACHANASSIAN: Die Ballade ist zu Ende.

ILL: Noch: O Heimat süß und hold.

CLAIRE ZACHANASSIAN: Kann Roby auch.

Neues Guitarrenspiel.

ILL: Ich danke dir für die Kränze, für die Chrysanthemen und Rosen. Machen sich schön auf dem Sarg im goldenen Apostel. Vornehm. Zwei Säle sind schon voll davon. Nun ist es so weit. Wir sitzen zum letzten Mal in unserem alten Wald voll von Kuckuck und Windesrauschen. Heute abend versammelt sich die Gemeinde. Man wird mich zum Tode verurteilen und einer wird mich töten. Ich weiß nicht, wer es sein wird und wo es geschehen wird, ich weiß nur, daß ich ein sinnloses Leben beende.

CLAIRE ZACHANASSIAN: Ich werde dich in deinem Sarg nach Capri bringen. Ließ ein Mausoleum errichten im Park meines Palazzos. Von Zypressen umgeben. Mit Blick aufs Mittelmeer.

1. *Abbildungen: das Bild, -er* picture; *ab-bilden* to portray, illustrate; *die Abbildung, -en* illustration
2. *grandioses: grandios* magnificent, grand
3. *Götzenbild: das Bild, -er* picture, image; *der Götze, -n, -n* idol; *das Götzenbild, -er* idol, graven image
6. *Böses: böse* angry, bad; *das Böse* the bad; *etwas Böses* something bad
7. *überwuchert: wuchern* to grow rapidly, proliferate; *die Wucherung, -en* proliferation; growth, tumor; *überwuchern* to overgrow
9. *Fangarmen: der Arm, -e* arm; *fangen, i, a* to catch; *der Fangarm, -e* tentacle
10. *bist* = *bist du · umsponnen: spinnen, a, o* to spin; *umspinnen, a, o* to wrap in a web, entwine, entangle
13. *das Gehäuse: das Haus, ⁏er* house; *das Gehäuse* shell, housing
14. *O Heimat süß und hold* name of the song just sung
18. *frühchristlich: christlich* Christian; *früh* early
25. *legen ... fort: fort-legen* to put away
26. *üblichen: üblich* usual, familiar · *Drapierungen: die Drapierung, -en* drapery
27. *Ernst ist das Leben, heiter (ist) die Kunst* quotation from the prologue of Schiller's drama *Wallenstein*

ILL: Kenne ich nur von Abbildungen.

CLAIRE ZACHANASSIAN: Tiefblau. Ein grandioses Panorama. Dort
wirst du bleiben. Ein Toter bei einem Götzenbild aus Stein.
Deine Liebe ist gestorben vor vielen Jahren. Meine Liebe
konnte nicht sterben. Aber auch nicht leben. Sie ist etwas   5
Böses geworden wie ich selber, wie die bleichen Pilze und die
blinden Wurzelgesichter in diesem Wald, überwuchert von
meinen goldenen Milliarden. Die haben nach dir gegriffen
mit ihren Fangarmen, dein Leben zu suchen. Weil es mir
gehört. Auf ewig. Nun bist umsponnen, nun bist du verloren.   10
Bald wird nichts mehr bleiben als ein toter Geliebter in
meiner Erinnerung, ein mildes Gespenst in einem zerstörten
Gehäuse.

ILL: Nun ist auch O Heimat süß und hold zu Ende.

Gatte IX kommt zurück.   15

CLAIRE ZACHANASSIAN: Der Nobelpreisträger. Kommt von seiner
Ruine. Nun, Zoby?

GATTE IX: Frühchristlich. Von den Hunnen zerstört.

CLAIRE ZACHANASSIAN: Schade. Deinen Arm. Die Sänfte, Roby
und Toby.   20

Sie besteigt die Sänfte.

CLAIRE ZACHANASSIAN: Adieu, Alfred.

ILL: Adieu, Klara.

Die Sänfte wird nach hinten getragen, Ill bleibt auf der Bank sitzen.
Die Bäume legen ihre Zweige fort. Von oben senkt sich ein Theater-   25
portal herunter mit den üblichen Vorhängen und Drapierungen, In-
schrift: ERNST IST DAS LEBEN, HEITER DIE KUNST. *Aus dem Hinter-*
grund kommt der Polizist in einer neuen, prächtigen Uniform,
setzt sich zu Ill. Ein Radioreporter kommt, beginnt ins Mikrophon
zu reden, während sich die Güllener versammeln. Alles in neuer   30
feierlicher Kleidung, alles im Frack. Überall Pressephotographen,
Journalisten, Filmkameras.

DER RADIOSPRECHER: Meine Damen und Herren. Nach den Auf-

2. *wohnen ... bei: bei-wohnen (with dat.)* to attend · *Gemeindeanlaß: der Anlaß,* *ͧ(ss)e* cause, occasion; *die Gemeinde, -n* commune; *der Gemeindeanlaß, ͧ(ss)e* civic occasion

4. *ebenso sympathischen wie gemütlichen: das Gemüt, -er* mind, soul, heart, feeling; *gemütlich* genial, agreeable, cosy; *die Gemütlichkeit* geniality; cosiness; *sympatisch* congenial, likeable; *das ebenso sympathische wie gemütliche Städtchen* the little town which is as congenial as it is agreeable · *abstattet: ab-statten* to pay (e.g. a visit)

5. *zugegen* present

9. *Vereinsanlässen: der Anlaß, ͧ(ss)e* cause, occasion; *der Verein, -e* association, society, club; *der Vereinsanlaß* club event; cf. *der Gemeindeanlaß · Gastvorstellungen: die Vorstellung, -en* performance; *der Gast, ͧe* guest; *die Gastvorstellung, -en* performance of visiting actors

20. *heiße ... willkommen: willkommen heißen, ie, ei* to welcome

21. *Traktundum (Swiss German)* subject under discussion, agenda

26. *ein Raunen: raunen* to whisper

31. *Riesensensation: die Sensation, -en* sensation; *die Riesensensation* enormous sensation · *mit einem Schlag: schlagen, u, a* to beat; *der Schlag, ͧe* blow, stroke; *mit einem Schlag* at one blow

34. *denn auch* thus · *benommen: benehmen, a, o* to take away; *benommen* benumbed, stupefied (clearheadedness has been taken away)

35. *Ergriffenheit: ergreifen, i, i* to seize, take; to effect, move, stir; *die Ergriffenheit* emotion

nahmen im Geburtshaus und dem Gespräch mit dem Pfarrer,
wohnen wir einem Gemeindeanlaß bei. Wir kommen zum
Höhepunkt des Besuches, den Frau Claire Zachanassian ihrem
ebenso sympathischen wie gemütlichen Heimatstädtchen abstattet. Zwar ist die berühmte Frau nicht zugegen, doch wird   5
der Bürgermeister in ihrem Namen eine wichtige Erklärung
abgeben. Wir befinden uns im Theatersaal im goldenen
Apostel, in jenem Hotel, in welchem Goethe übernachtete.
Auf der Bühne, die sonst Vereinsanlässen dient und den Gastvorstellungen des Kalberstädter Schauspielhauses, versammeln   10
sich die Männer. Nach alter Sitte – wie der Bürgermeister
eben informierte. Die Frauen befinden sich im Zuschauerraum – auch dies Tradition. Feierliche Stimmung, die Spannung außerordentlich, die Filmwochenschauen sind herge-
fahren, meine Kollegen vom Fernsehen, Reporter aus aller   15
Welt, und nun beginnt der Bürgermeister zu reden.

Der Reporter geht mit dem Mikrophon zum Bürgermeister, der in
der Mitte der Bühne steht, die Männer von Güllen im Halbkreis um
ihn.

DER BÜRGERMEISTER: Ich heiße die Gemeinde von Güllen will- 20
kommen. Ich eröffne die Versammlung. Traktandum: Ein
einziges. Ich habe die Ehre, bekannt geben zu dürfen, daß
Frau Claire Zachanassian, die Tochter unseres bedeutenden
Mitbürgers, des Architekten Gottfried Wäscher, beabsichtigt,
uns eine Milliarde zu schenken.   25
Ein Raunen geht durch die Presse.

DER BÜRGERMEISTER: Fünfhundert Millionen der Stadt, fünfhundert Millionen an jeden Bürger verteilt.
Stille.

DER RADIOSPRECHER *gedämpft*: Liebe Hörerinnen und Hörer.   30
Eine Riesensensation. Eine Stiftung, die mit einem Schlag die
Einwohner des Städtchens zu wohlhabenden Leuten macht
und damit eines der größten sozialen Experimente unserer
Epoche darstellt. Die Gemeinde ist denn auch wie benommen.
Totenstille. Ergriffenheit auf allen Gesichtern.   35

163

4. *etwas Bestimmtes: bestimmen* to decide, determine; to define; *bestimmt* decided, definite; *etwas Bestimmtes* something definite; *dieses Bestimmte* this definite thing
5. *beglücken: das Glück* happiness, good fortune; *beglücken* to make happy
6. *überhäufen: der Haufen, -* heap; large amount; *überhäufen* to load (with), overwhelm
8. *Wichtigeres: wichtig* important; *wichtiger (comp.)* more important; *das Wichtigere* that which is more important; *Wichtigeres* something more important
10. *das Gemeinwesen* commonweal · *ein gerechtes = ein gerechtes Gemeinwesen*
11. *stutzen* to stop short, hesitate, be startled
19. *der Tatbestand* facts (of a case); evidence (at law)
22. *übersehe: sehen, a, e* to see, look; *übersehen, a, e* to overlook · *keineswegs* in no way
23. *Schlimmen: schlimm* bad; *das Schlimme* the bad · *bitter* bitter *das Bittere* the bitter · *es geht um* it is a question of
26. *verwirklichen: wirklich* real; *die Wirklichkeit* reality; *verwirklichen* to make real, realize
27. *die Altvordern (pl.)* ancestors
30. *steht auf dem Spiel: das Spiel, -e* game; gambling; *auf dem Spiel stehen* to be at stake · *verletzt = verletzt wird,* so also *mißachtet wird, beleidigt wird, getäuscht wird.* All past participles in this sentence are dependent on the last word, *wird.*
34. *Ernst machen: Ernst machen mit* to be serious about something; *blutigen Ernst here,* deadly serious

DER BÜRGERMEISTER: Ich gebe dem Lehrer das Wort.

Der Radioreporter nähert sich mit dem Mikrophon dem Lehrer.

DER LEHRER: Güllener. Wir müssen uns klar sein, daß Frau
Claire Zachanassian mit dieser Schenkung etwas Bestimmtes
will. Was ist dieses Bestimmte? Will sie uns mit Geld beglücken, mit Gold überhäufen, die Wagnerwerke sanieren,
die Platz-an-der-Sonnehütte, Bockmann? Ihr wißt, daß dies
nicht so ist. Frau Claire Zachanassian plant Wichtigeres. Sie
will für ihre Milliarde Gerechtigkeit, die Gerechtigkeit. Sie
will, daß sich unser Gemeinwesen in ein gerechtes verwandle.
Diese Forderung läßt uns stützen. Waren wir denn nicht ein
gerechtes Gemeinwesen?

DER ERSTE: Nie!

DER ZWEITE: Wir duldeten ein Verbrechen!

DER DRITTE: Ein Fehlurteil!

DER VIERTE: Meineid!

EINE FRAUENSTIMME: Einen Schuft!

ANDERE STIMMEN: Sehr richtig!

DER LEHRER: Gemeinde von Güllen! Dies der bittere Tatbestand: Wir duldeten die Ungerechtigkeit. Ich erkenne nun
durchaus die materielle Möglichkeit, die uns die Milliarde
bietet, ich übersehe keineswegs, daß die Armut die Ursache
von so viel Schlimmem, Bitterem ist, und dennoch: Es geht
nicht um Geld – *Riesenbeifall* – es geht nicht um Wohlstand
und Wohlleben, nicht um Luxus, es geht darum, ob wir
Gerechtigkeit verwirklichen wollen, und nicht nur sie, sondern auch all die Ideale, für die unsere Altvordern gelebt und
gestritten haben und für die sie gestorben sind, die den Wert
unseres Abendlandes ausmachen – *Riesenbeifall.* Die Freiheit
steht auf dem Spiel, wenn die Nächstenliebe verletzt, das
Gebot, die Schwachen zu schützen, mißachtet, die Ehe beleidigt, ein Gericht getäuscht, eine junge Mutter ins Elend
gestoßen wird – *Pfuirufe.* Mit unseren Idealen müssen wir
nun eben in Gottes Namen Ernst machen, blutigen Ernst –
Riesenbeifall. Reichtum hat nur dann Sinn, wenn aus ihm

165

2. *nach … hungert: hungern* to be hungry; *der Hunger* hunger; *ich habe Hunger* I am hungry; *hungern nach* to hunger for

4. *wie* as

6. *aushaltet: aus-halten, ie, a* to endure · *Umständen: der Umstand, ̈e* circumstance; situation; *unter keinen Umständen* under no circumstances

13. *bewies: beweisen, ie, ie* to prove; *der Beweis, -e* proof

15. *mutig wurde auf Mißstände allgemeiner Art hingewiesen (passive construction)* = *man wies mutig auf Mißstände allgemeiner Art hin (active construction)* · *allgemeiner Art (gen. case)* of a general nature

19. *ergreift das Wort: das Wort ergreifen, i, i* lit. to take the word, i.e. to begin to speak

23. *der* = Ill

25. *auf dessen Vorschlag hin* at whose suggestion

28. *rüstiger: rüstig* vigorous, robust

29. *senkrecht* lit. vertical; here, upright · *von altem Schrot und Korn: das Korn, ̈er* grain; standard (of metal); front sight (of a rifle); *das Schrot, -e* buckshot; *von altem Schrot und Korn* of the good old type, of sterling worth

30. *Genugtuung: tun, a, a* to do; *genug* enough; *die Genugtuung* satisfaction

32. *bewußt: wissen, u, u* to know; *bewußt* conscious, aware; *sich einer Sache bewußt sein* to be aware of a thing

Reichtum an Gnade entsteht: Begnadet aber wird nur, wer
nach der Gnade hungert. Habt ihr diesen Hunger, Güllener,
diesen Hunger des Geistes, und nicht nur den anderen, pro-
fanen, den Hunger des Leibes? Das ist die Frage, wie ich als
Rektor des Gymnasiums ausrufen möchte. Nur wenn ihr 5
das Böse nicht aushaltet, nur wenn ihr unter keinen Umständen in einer Welt der Ungerechtigkeit mehr leben könnt,
dürft ihr die Milliarde der Frau Zachanassian annehmen und
die Bedingung erfüllen, die mit dieser Stiftung verbunden
ist. Dies, Güllener, bitte ich zu bedenken. 10
Tosender Beifall.

DER RADIOREPORTER: Sie hören den Beifall, meine Damen und
Herren. Ich bin erschüttert. Die Rede des Rektors bewies
eine sittliche Größe wie wir sie heute – leider – nicht mehr
allzuoft finden. Mutig wurde auf Mißstände allgemeiner Art 15
hingewiesen, auf Ungerechtigkeiten, wie sie ja in jeder Gemeinde vorkommen, überall, wo Menschen sind.

DER BÜRGERMEISTER: Alfred Ill...

DER RADIOREPORTER: Der Bürgermeister ergreift wieder das
Wort. 20

DER BÜRGERMEISTER: Alfred Ill, ich habe an Sie eine Frage zu
stellen.
*Der Polizist gibt Ill einen Stoß. Der erhebt sich. Der Radiosprecher
kommt mit dem Mikrophon zu ihm.*

DER RADIOREPORTER: Nun die Stimme des Mannes, auf dessen 25
Vorschlag hin die Zachanassianstiftung gegründet wurde, die
Stimme Alfred Ills, des Jugendfreundes der Wohltäterin.
Alfred Ill ist ein rüstiger Mann von etwa siebzig Jahren, ein
senkrechter Güllener von altem Schrot und Korn, natürlicher-
weise ergriffen, voll Dankbarkeit, voll stiller Genügtuung. 30

DER BÜRGERMEISTER: Ihretwegen wurde uns die Stiftung ange-
boten, Alfred Ill. Sind Sie sich dessen bewußt?
Ill sagt leise etwas.

DER RADIOREPORTER: Sie müssen lauter reden, guter alter Mann,
damit unsere Hörerinnen und Hörer auch etwas verstehen. 35

2. *Entscheid: entscheiden, ie, ie* to decide; *sich entscheiden, ie, ie* to make up one's mind, decide; *der Entscheid, -e* decision

20. *ich schreite zur Abstimmung: ab-stimmen* to vote; *die Abstimmung, -en* voting, vote; *zur Abstimmung schreiten, i, i* to proceed to a vote

21. *Aufblitzen: der Blitz, -e* (flash of) lightning; *blitzen* to emit lightning *(es blitzt* the lightning flashes); *auf-blitzen* to flash, flare up · *das Blitzlicht, -er* flash bulb

23. *reinen Herzens (gen. case)* = *mit einem reinen Herzen*

26. *nichts als* nothing but

28. *Verschwörung: schwören* to swear; *sich verschwören* to conspire, plot; *die Verschwörung, -en* conspiracy

30. *dank: danken* to thank; *der Dank* gratitude; *dank (with dat.)* thanks to

33. *einstimmig: die Stimme, -n* voice; *ein-stimmen* to join in (with the voice); to consent, agree; *einstimmig* with one voice, unanimous · *nicht des Geldes* = *nicht des Geldes wegen*

ILL: Ja.

DER BÜRGERMEISTER: Werden Sie unseren Entscheid über Annahme oder Ablehnung der Claire-Zachanassian-Stiftung
respektieren?

ILL: Ich respektiere ihn.

DER BÜRGERMEISTER: Hat jemand an Alfred Ill eine Frage zu
stellen?

Schweigen.

DER BÜRGERMEISTER: Hat jemand zur Stiftung der Frau Zachanassian eine Bemerkung zu machen?

Schweigen.

DER BÜRGERMEISTER: Herr Pfarrer?

Schweigen.

DER BÜRGERMEISTER: Herr Stadtarzt?

Schweigen.

DER BÜRGERMEISTER: Die Polizei?

Schweigen.

DER BÜRGERMEISTER: Die politische Opposition?

Schweigen.

DER BÜRGERMEISTER: Ich schreite zur Abstimmung.
*Stille. Nur das Surren der Filmapparate, das Aufblitzen der Blitz-
lichter.*

DER BÜRGERMEISTER: Wer reinen Herzens die Gerechtigkeit verwirklichen will, erhebe die Hand.

Alle außer Ill erheben die Hand.

DER RADIOREPORTER: Andächtige Stille im Theatersaal. Nichts
als ein einziges Meer von erhobenen Händen, wie eine gewaltige Verschwörung für eine bessere, gerechtere Welt. Nur
der alte Mann sitzt regungslos von Freude überwältigt. Sein
Ziel ist erreicht, die Stiftung dank der wohltätigen Jugendfreundin errichtet.

DER BÜRGERMEISTER: Die Stiftung der Claire Zachanassian ist
angenommen. Einstimmig. Nicht des Geldes,

DIE GEMEINDE: Nicht des Geldes,

DER BÜRGERMEISTER: Sondern der Gerechtigkeit wegen.

2. *aus Gewissensnot: die Not, ̈e* distress; *das Gewissen, –* conscience; *die Gewissensnot lit.* "conscience distress," i.e. conscientious scruples, qualms of conscience

8. *ausrotten* to root out, destroy

14. *Güter: das Gut, ̈er* good thing, blessing; property, possession; goods; *gut* good

16. *hat es . . . gegeben: es gibt* there is (denotes existence in general terms)

17. *Panne: die Panne, -n* breakdown

18. *Beleuchtung: leuchten* to give forth light, shine; *beleuchten* to illuminate; *die Beleuchtung, -en* illumination, lighting

19. *streikte: der Streik, -s* strike; *streiken* to go on strike, not work

23. *Scheinwerfer: werfen, a, o* to throw; *der Schein* gleam, light; *der Scheinwerfer, –* searchlight; spotlight

24. *klappt: klappen (coll.)* to come off, be a success, work; *(es) klappt* works okay

25. *also los* let's go then

26. *Pose: die Pose, -n* pose, attitude; *sich in Pose setzen* to strike an attitude or pose

DIE GEMEINDE: Sondern der Gerechtigkeit wegen.

DER BÜRGERMEISTER: Und aus Gewissensnot.

DIE GEMEINDE: Und aus Gewissensnot.

DER BÜRGERMEISTER: Denn wir können nicht leben, wenn wir ein Verbrechen unter uns dulden.

DIE GEMEINDE: Denn wir können nicht leben, wenn wir ein Verbrechen unter uns dulden.

DER BÜRGERMEISTER: Welches wir ausrotten müssen.

DIE GEMEINDE: Welches wir ausrotten müssen.

DER BÜRGERMEISTER: Damit unsere Seelen nicht Schaden erleiden.

DIE GEMEINDE: Damit unsere Seelen nicht Schaden erleiden.

DER BÜRGERMEISTER: Und unsere heiligsten Güter.

DIE GEMEINDE: Und unsere heiligsten Güter.

ILL *schreit auf:* Mein Gott!

Alle stehen feierlich mit erhobenen Händen da, doch nun hat es bei der Kamera der Filmwochenschau eine Panne gegeben.

DER KAMERAMANN: Schade, Herr Bürgermeister. Die Beleuchtung streikte. Bitte die Schlußabstimmung noch einmal.

DER BÜRGERMEISTER: Noch einmal?

DER KAMERAMANN: Für die Filmwochenschau.

DER BÜRGERMEISTER: Aber natürlich.

DER KAMERAMANN: Scheinwerfer in Ordnung?

EINE STIMME: Klappt.

DER KAMERAMANN: Also los.

Der Bürgermeister setzt sich in Pose.

DER BÜRGERMEISTER: Wer reinen Herzens die Gerechtigkeit verwirklichen will, erhebe die Hand.

Alle erheben die Hand.

DER BÜRGERMEISTER: Die Stiftung der Claire Zachanassian ist angenommen. Einstimmig. Nicht des Geldes,

DIE GEMEINDE: Nicht des Geldes,

DER BÜRGERMEISTER: Sondern der Gerechtigkeit wegen.

DIE GEMEINDE: Sondern der Gerechtigkeit wegen.

DER BÜRGERMEISTER: Und aus Gewissensnot.

171

14. *na?* well?
16. *ein Jammer: jammern* to lament, wail; *der Jammer* misery, lamentation; *ein Jammer* a pity
17. *Freudenschrei: schreien, ie, ie* to scream, shout; *der Schrei, -e* scream, shout; *die Freude, -n* joy · *der = der Freudenschrei*
20. *Imbiß: der Imbiß, -(ss)e* snack, light meal
22. *Bühnenausgang: aus-gehen, i, a* to go out; *der Ausgang, ″e* exit; *die Bühne, -n* stage
33. *Zuschauerraum: zu-schauen* to watch; *der Zuschauer, -* spectator; *der Raum, ″e* room; *der Zuschauerraum, ″e* auditorium

DIE GEMEINDE: Und aus Gewissensnot.

DER BÜRGERMEISTER: Denn wir können nicht leben, wenn wir ein Verbrechen unter uns dulden.

DIE GEMEINDE: Denn wir können nicht leben, wenn wir ein Verbrechen unter uns dulden.

DER BÜRGERMEISTER: Welches wir ausrotten müssen.

DIE GEMEINDE: Welches wir ausrotten müssen.

DER BÜRGERMEISTER: Damit unsere Seelen nicht Schaden erleiden.

DIE GEMEINDE: Damit unsere Seelen nicht Schaden erleiden.

DER BÜRGERMEISTER: Und unsere heiligsten Güter.

DIE GEMEINDE: Und unsere heiligsten Güter.

Stille.

DER KAMERAMANN *leise*: Ill! Na?

Stille.

DER KAMERAMANN *enttäuscht*: Dann nicht. Ein Jammer, daß der Freudenschrei «mein Gott» nicht kam, der war besonders eindrucksvoll.

DER BÜRGERMEISTER: Die Herren von der Presse, vom Rundfunk und vom Film sind zu einem Imbiß eingeladen. Im Restaurant. Sie verlassen den Theatersaal am besten durch den Bühnenausgang. Den Frauen ist im Garten des goldenen Apostels ein Tee serviert.

Die Presse, Rundfunk und Filmleute gehen nach hinten rechts hinaus. Die Männer bleiben unbeweglich auf der Bühne. Ill steht auf, will gehen.

DER POLIZIST: Bleib!

Er drückt Ill auf die Bank nieder.

ILL: Ihr wollt es noch heute tun?

DER POLIZIST: Natürlich.

ILL: Ich dachte, es würde am besten bei mir geschehen.

DER POLIZIST: Es geschieht hier.

DER BÜRGERMEISTER: Ist niemand mehr im Zuschauerraum?

Der Dritte und Vierte spähen nach unten.

DER DRITTE: Niemand.

173

12. *Gasse: die Gasse, -n*   narrow passageway
14. *Schärpe: die Schärpe, -n*   scarf, sash
23. *hinhält: hin-halten, ie, a (with dat.)*   to offer, proffer

DER BÜRGERMEISTER: Auf der Galerie?

DER VIERTE: Leer.

DER BÜRGERMEISTER: Schließt die Türen. Den Saal darf niemand
mehr betreten.

Die zwei gehen in den Zuschauerraum. 5

DER DRITTE: Geschlossen.

DER VIERTE: Geschlossen.

DER BÜRGERMEISTER: Löscht die Lichter. Der Mond scheint
durch die Fenster der Galerie. Das genügt.

Die Bühne wird dunkel. Im schwachen Mondlicht sind die Men- 10
schen nur undeutlich zu sehen.

DER BÜRGERMEISTER: Bildet eine Gasse.

Die Güllener bilden eine Gasse, an deren Ende der Turner steht,
nun in eleganten weißen Hosen, eine rote Schärpe über dem Turner-
leibchen. 15

DER BÜRGERMEISTER: Herr Pfarrer, darf ich bitten.

Der Pfarrer geht langsam zu Ill, setzt sich zu ihm.

DER PFARRER: Nun, Ill, Ihre schwere Stunde ist gekommen.

ILL: Eine Zigarette.

DER PFARRER: Eine Zigarette, Herr Bürgermeister. 20

DER BÜRGERMEISTER, *mit Wärme*: Selbstverständlich. Eine besonders gute.

Er reicht die Schachtel dem Pfarrer, der sie Ill hinhält. Der nimmt
eine Zigarette, der Polizist gibt ihm Feuer, der Pfarrer gibt die
Schachtel wieder dem Bürgermeister zurück. 25

DER PFARRER: Wie schon der Prophet Amos gesagt hat –

ILL: Bitte nicht.

Ill raucht.

DER PFARRER: Sie fürchten sich nicht?

ILL: Nicht mehr sehr. 30

Ill raucht.

DER PFARRER *hilflos*: Ich werde für Sie beten.

ILL: Beten Sie für Güllen.

Ill raucht. Der Pfarrer steht langsam auf.

DER PFARRER: Gott sei uns gnädig. 35

175

6. *beherrschen Sie sich: herrschen* to rule, govern; *der Herrscher, -* ruler; *sich beherrschen* to control oneself

7. *es ging mit mir durch: durch-gehen, i, a* to go through; to run away, escape, bolt; *es ging mit mir durch* lit. it ran away from me, i.e. I lost my temper

16. *stellt sich ... entgegen: sich entgegen-stellen (with dat.)* to oppose; to stand in the way of

17. *unbarmherzig: barmherzig* compassionate; *die Barmherzigkeit* compassion, mercy; *unbarmherzig* merciless; *die Unbarmherzigkeit* harshness, cruelty

18. *Menschenknäuel: der Knäuel, -* ball, tangle; coil; throng; *das Menschenknäuel* human coil, throng

19. *ballt: sich ballen* to form into a ball; *der Ball, ᵘe* ball · *niederkauert: niederkauern* to crouch down

24. *Leichnam: die Leiche, -n* or *der Leichnam, -e* dead body, corpse · *kariertes: kariert* checkered, checked

25. *das Stethoskop* stethoscope

29. *aus* here, because of

Der Pfarrer geht langsam in die Reihen der andern.

DER BÜRGERMEISTER: Erheben Sie sich, Alfred Ill.

Ill zögert.

DER POLIZIST: Steh auf, du Schwein.

Er reißt ihn in die Höhe.

DER BÜRGERMEISTER: Polizeiwachtmeister, beherrschen Sie sich.

DER POLIZIST: Verzeihung. Es ging mit mir durch.

DER BÜRGERMEISTER: Kommen Sie, Alfred Ill.

Ill läßt die Zigarette fallen, tritt sie mit dem Fuß aus. Geht dann langsam in die Mitte der Bühne, kehrt sich mit dem Rücken gegen das Publikum.

DER BÜRGERMEISTER: Gehen Sie in die Gasse.

Ill zögert.

DER POLIZIST: Los, geh.

Ill geht langsam in die Gasse der schweigenden Männer. Ganz hinten stellt sich ihm der Turner entgegen. Ill bleibt stehen, kehrt sich um, sieht wie sich unbarmherzig die Gasse schließt, sinkt in die Knie. Die Gasse verwandelt sich in einen Menschenknäuel, lautlos, der sich ballt, der langsam niederkauert. Stille. Von links vorne kommen Journalisten. Es wird hell.

PRESSEMANN I: Was ist denn hier los?

Der Menschenknäuel lockert sich auf. Die Männer sammeln sich im Hintergrund, schweigend. Zurück bleibt nur der Arzt, vor einem Leichnam kniend, über den ein kariertes Tischtuch gebreitet ist, wie es in Wirtschaften üblich ist. Der Arzt steht auf. Nimmt das Stethoskop ab.

DER ARZT: Herzschlag.

Stille.

DER BÜRGERMEISTER: Tod aus Freude.

PRESSEMANN II: Tod aus Freude.

PRESSEMANN II: Das Leben schreibt die schönsten Geschichten.

PRESSEMANN I: An die Arbeit.

Die Journalisten eilen nach rechts hinten. Von links kommt Claire Zachanassian, vom Butler gefolgt. Sie sieht den Leichnam, bleibt

4. *Bahre: die Bahre, -n*   stretcher, bier, litter
6. *deck ... auf: decken*   to cover; *die Decke, -n*   cover, blanket, ceiling; *auf-decken*   to uncover; cf. *zu-decken*   to cover up
23. *drückten ... aus*   This sentence begins with a series of "if" clauses. *drücken*   to press; *der Druck*   pressure; *aus-drücken*   to express; cf. *ein-drücken*   to press in; to imprint; *der Eindruck, ⁻e*   impression · *anwachsend: wachsen, u, a*   to grow; *anwachsend*   growing, increasing
24. *unaufdringlich: auf-dringen, a, u*   to press upon, urge upon; *aufdringlich*   obtrusive; *unaufdringlich*   unobtrusive
26. *Stufenleiter: die Leiter, -n*   ladder; *die Stufe, -n*   step · *siedelte ... über: siedeln*   to settle; *über-siedeln*   to move, shift (to new quarters) · *Armeleutequartier: das Quartier, -e*   quarter; *die Leute*   people; *arm*   poor
28. *reicherte er sich an: reich*   rich; *sich an-reichern*   to become rich · *Steigerung: steigen, ie, ie*   to go up, climb; *steigern*   to raise, increase; *die Steigerung, -en*   ascent, rise, increase
29. *Apotheose*   apotheosis, glorification
30. *blitzblank: blank*   shining; *der Blitz, -e*   lightning; *blitzblank*   nice and shiny; *etwas technisch Blitzblankes*   something which is technically very shiny · *mündet ... ein: ein-münden*   to flow into; to empty into; to enter · *Welthappy-End*   a happy end for all the world

stehen, geht dann langsam nach der Mitte der Bühne, kehrt sich gegen das Publikum.

CLAIRE ZACHANASSIAN: Bringt ihn her.

Roby und Toby kommen mit einer Bahre, legen Ill darauf und bringen ihn vor die Füße Claire Zachanassians.

CLAIRE ZACHANASSIAN *unbeweglich:* Deck ihn auf, Boby.

Der Butler deckt das Gesicht Ills auf. Sie betrachtet es, regungslos, lange.

CLAIRE ZACHANASSIAN: Er ist wieder so, wie er war, vor langer Zeit, der schwarze Panther. Deck ihn zu.

Der Butler deckt das Gesicht wieder zu.

CLAIRE ZACHANASSIAN: Tragt ihn in den Sarg.

Roby und Toby tragen den Leichnam nach links hinaus.

CLAIRE ZACHANASSIAN: Führ mich in mein Zimmer, Boby. Laß die Koffer packen. Wir fahren nach Capri.

Der Butler reicht ihr den Arm, sie geht langsam nach links hinaus, bleibt stehen.

CLAIRE ZACHANASSIAN: Bürgermeister.

Von hinten, aus den Reihen der schweigenden Männer, kommt langsam der Bürgermeister nach vorne.

CLAIRE ZACHANASSIAN: Der Check.

Sie überreicht ihm ein Papier und geht mit dem Butler hinaus.

Drückten die immer besseren Kleider den anwachsenden Wohlstand aus, diskret, unaufdringlich, doch immer weniger zu übersehen, wurde der Bühnenraum stets appetitlicher, veränderte er sich, stieg er in seiner sozialen Stufenleiter, als siedelte man von einem Armeleutequartier unmerklich in eine moderne wohlsituierte Stadt über, reicherte er sich an, so findet diese Steigerung nun im Schlußbild ihre Apotheose. Die einst graue Welt hat sich in etwas technisch Blitzblankes, in Reichtum verwandelt, mündet in ein Welthappy-

179

3. *Chöre: der Chor, ̈e* chorus

4. *angenähert: nah* near; *an-nähern (with dat.)* to bring near to, approximate · *Standortsbestimmung: bestimmen* to decide, determine; to define; *die Bestimmung, -en* determination; designation; *der Ort, -e* place; *der Standort, -e* location, site; *die Standortsbestimmung* designation of site, i.e. pinpointing

5. *havariertes: havarieren* to damage; *ein havariertes Schiff* a damaged ship · *abgetrieben: ab-treiben, ie, ie* to drift off

7. The following is a parody of a Sophoclean chorus; commas at the ends of lines are purposely omitted · *ungeheuer ist viel = viel ist ungeheuer: ungeheuer* monstrous

8. *Erdbeben: beben* to tremble, shake, quake; *die Erde, -n* earth; *das Erdbeben* earthquake

9. *feuerspeiende: speien, ie, ie* to spit, spew; to belch forth; *das Feuer* fire

12. *sonnenhafte = wie die Sonne*

16. *das Menschengeschlecht: das Geschlecht, -er* race; *der Mensch, -en, -en* man, human being

20. *Liebes: lieben* to love; *die Liebe* love; *lieb* dear; *das Lieb-* that which is dear · *Dahinsiechendes: siech* sick, ailing; *dahin-siechen* to waste away, die; *das Dahinsiechend-* that which is wasting away or dying

27. *einst* once, formerly

30. *wohl uns* good for us

31. *denen ... wandte: wenden, a, a* to turn, change; *denen ein freundlich Geschick dies alles wandte* for whom a friendly fate changed all this

End ein. Fahnen, Girlanden, Plakate, Neonlichter umgeben den
renovierten Bahnhof, dazu die Güllener, Frauen und Männern in
Abendkleidern und Fräcken, zwei Chöre bildend, denen der griechi-
schen Tragödie angenähert, nicht zufällig, sondern als Standorts-
bestimmung, als gäbe ein havariertes Schiff, weit abgetrieben, die 5
letzten Signale.

CHOR I: Ungeheuer ist viel
　　Gewaltige Erdbeben
Feuerspeiende Berge, Fluten des Meeres
　　Kriege auch, Panzer durch Kornfelder　　　　　　10
　　rasselnd
Der sonnenhafte Pilz der Atombombe
CHOR II: Doch nichts ungeheurer als die
　　Armut
　　Die nämlich kennt kein Abenteuer　　　　　　　15
Trostlos umfängt sie das Menschengeschlecht
　　Reiht
Öde Tage an öden Tag.
DIE FRAUEN: Hilflos sehen die Mütter
　　Liebes, Dahinsiechendes.　　　　　　　　　　20
DIE MÄNNER: Der Mann aber
　　Sinnt Empörung
Denkt Verrat
DER ERSTE: In schlechten Schuhen geht er dahin.
DER DRITTE: Stinkendes Kraut zwischen den Lippen.　　25
CHOR I: Denn die Arbeitsplätze, die brot-
　　bringenden einst
Sind leer
CHOR II: Und die sausenden Züge meiden den Ort.
ALLE: Wohl uns　　　　　　　　　　　　　　30
FRAU ILL: Denen ein freundlich Geschick
ALLE: Dies alles wandte
DIE FRAUEN: Ziemende Kleidung umschließt
　　den zierlichen Leib nun

1. *es steuert der Bursch den sportlichen Wagen = der Bursch steuert den sportlichen Wagen*

3. *der Kaufmann* (is the subject)

4. *jagt nach: jagen* to hunt, pursue; *die Jagd* hunt; *jagen nach* to hunt for, pursue

5. *Fläche: flach* flat, shallow; *die Fläche, -n* surface

6. *grüngekachelten: die Kachel, -n* tile; *kacheln* to tile; *gekachelt* covered with tiles · *Operationssaal: der Saal, (pl.) Säle* hall, large room; *operieren* to operate; *die Operation, -en* operation

10. *wohlbeschuht: der Schuh, -e* shoes; *wohlbeschuht* well-shod

11. *schmauchen* to puff, smoke · *das Kraut, ²er* herb, plant, cabbage; *here*, cigar

18. *es berstet ... das Münster = das Münster berstet*

19. *Pfingsten* Pentecost

22. *hehren: hehr (poet.)* majestic, august

24. *völkerverbindend: verbinden, a, u* to connect; *das Volk, ²er* people, nation

DER SOHN: Es steuert der Bursch den sportlichen
  Wagen
DIE MÄNNER: Die Limousine der Kaufmann
DIE TOCHTER: Das Mädchen jagt nach dem Ball
  auf roter Fläche   5
DER ARZT: Im neuen grüngekachelten Operationssaal
  operiert freudig der Arzt
ALLE: Das Abendessen
  Dampft im Haus. Zufrieden
Wohlbeschuht   10
  Schmaucht ein jeglicher besseres Kraut
DER LEHRER: Lernbegierig lernen die Lernbegierigen.
DER ZWEITE: Schätze auf Schätze türmt der
  emsige Industrielle
ALLE: Rembrandt auf Rubens   15
DER MALER: Die Kunst ernähret den Künstler
  vollauf.
DER PFARRER: Es berstet an Weihnachten, Ostern
  und Pfingsten
Vom Andrang der Christen das Münster   20
ALLE: Und die Züge
Die blitzenden hehren
Eilend auf eisernen Gleisen
Von Nachbarstadt zu Nachbarstadt, völkerverbindend
Halten wieder.   25

Von links kommt der Kondukteur.
DER KONDUKTEUR: Güllen.
DER BAHNHOFVORSTAND: D-Zug Güllen-Rom, einsteigen bitte!
  Salonwagen vorne!
Aus dem Hintergrund kommt Claire Zachanassian in ihrer Sänfte, 30
unbeweglich, ein altes Götzenbild aus Stein, zwischen den beiden
Chören hervor, von ihrem Gefolge begleitet.

183

1. *ziehet ... davon: davon-ziehen, o, o* to move away, depart
2. *die reich uns beschenkte* = *die uns reich beschenkte*
3. *die Wohltäterin* (is in apposition)
8. *Teures: teuer* expensive; dear; *das Teur-* that which is dear · *Anvertrautes:*
   an-vertrauen (with dat.) to entrust to; *das ihr Anvertraut-* that which is
   entrusted to her

DER BÜRGERMEISTER: Es ziehet
ALLE: Die reich uns beschenkte
DIE TOCHTER: Die Wohltäterin
ALLE: Mit ihrem edlen Gefolge davon!

Claire Zachanassian verschwindet rechts außen, zuletzt tragen die 5
Dienstmänner den Sarg auf einem langen Weg hinaus.

DER BÜRGERMEISTER: Sie lebe denn wohl.
ALLE: Teures führt sie mit sich, ihr Anvertrautes.

DER BAHNHOFVORSTAND: Abfahrt!

ALLE: Es bewahre uns aber 10
DER PFARRER: Ein Gott
ALLE: In stampfender rollender Zeit
DER BÜRGERMEISTER: Den Wohlstand
ALLE: Bewahre die heiligen Güter uns, bewahre
    Frieden 15
    Bewahre die Freiheit
Nacht bleibe fern
    Verdunkele nimmermehr unsere Stadt
Die neuerstandene prächtige
    Damit wir das Glückliche glücklich genießen. 20

NACHWORT

Der Besuch der alten Dame is a story that takes place in a little
town in Central Europe, written by one who by no means
sets himself apart from these people and who is not so sure that
he himself would act differently; what else there is to the story
need neither be said here nor brought out on the stage. This
holds true even for the ending. Of course the people here speak
more ceremoniously than would be natural in real life, somewhat in the style of what is called poesy—high-toned—but
this is only because the Gülleners have become rich, and being
parvenus they speak more choicely. I describe men, not mario-
nettes, tell a story, not an allegory; I set up a world, not the
moral that people sometimes impute to me; indeed I don't even
try to confront my play with the world, because all this kind of
thing happens naturally by itself, as long as the audience is still
a part of the theater. A play, for me, takes place in the whole
potentiality of the stage, not in the dress of any particular style.
When the people of Güllen simulate trees they do it not for the
sake of surrealism but because of the slightly embarrassing love
story that is played out in this forest, an old man making advances
to an old woman: to thrust this into a poetic stage world and so
make it tolerable. I write out of a confidence in the Theater,
in the Actor, which is innate in me. This is my main incentive.
The material entices me. In order to represent a man an actor
doesn't need much—only that outermost shell, his text, which
must of course ring true. What I mean is—just as an organism
closes itself off by forming a shell, an outermost covering, so a
play encloses itself in language. That is all the playwright

provides. The language is his achievement. So he can't work on the language itself but only on what determines the language, on thought, possibly on plot; working on language itself, on style itself, is for the dilettants. The business of the actor, I believe, is to realize this achievement anew, so that what is art appears to be nature. Let him play my foreground correctly; then the background will take care of itself.

I don't number myself among today's avant garde. To be sure, I too have a theory of art, just for the fun of it, but I keep it to myself (otherwise I might have to pay attention to it) and I prefer to be considered a confused child of nature with an inadequate desire for form. Stage me in the manner of the folk play, treat me as a kind of would-be Nestroy, and you'll succeed best. Stick to my conceits and let profundity go; change the scenery without pauses or curtains; play the automobile scene simply, preferably with a stage car on which is mounted only what is required by the play: a seat, a steering wheel, a bumper—the car should be seen from the front—a raised back seat; all this, of course, must be new, as new as the yellow shoes, etc. (This scene has no connection with Wilder. Why not?—a dialectical exercise for the critics.) Claire Zachanassian represents neither justice nor the Marshall plan, not even the Apocalypse; let her be just what she is: the richest woman in the world, able, because of her fortune, to behave like a heroine in Greek tragedy, absolute, cruel—perhaps like Medea. The lady has humor (this is not to be overlooked) because she possesses the quality of aloofness from people as if from a salable commodity, aloofness even from herself—and also an odd grace, a malicious charm. However, since she functions outside any human pattern, she has become something un-alterable and rigid, with no possibility of development except to turn into stone, to become an idol. She is a poetical creation and so is her retinue, even the eunuchs, who are not to be made realistically unattractive, with the voices of castrates, but ought to be represented with the unreality of a folk tale, as soft and ghostlike in their vegetable bliss, victims of a total revenge that is as logical as the law books of primitive time. (To make the roles easier, these two can speak alternatively, instead of together, but if so without repeating the sentences.)

If Claire Zachanassian is unchangeable, a heroine from the very beginning, her old lover has to develop into a hero. A greasy storekeeper, he becomes her victim at first unsuspectingly; guilty, he is of the opinion that life itself has obliterated all guilt; a thoughtless fellow, he slowly comes to understand, through fear, through terror, something very personal; he experiences justice in his own person, for he recognizes his guilt; he becomes great by dying (let his death not lack a certain monumentality). His death is at once meaningful and meaningless. It would have meaning in the mythological realm of an ancient *polis;* but this story takes place in Güllen.

Besides the hero and heroine, there are the Gülleners, human beings like the rest of us. They are not to be depicted as wicked, not by any means; at first resolved to refuse the offer, when they do contract debts it is not with any intention of killing Ill, but out of thoughtlessness, from a feeling that everything can be worked out. This is how the second act is to be staged. For instance in the station scene Ill alone is afraid; he understands his position. Still no ugly words fall. It is the scene in Peter's barn that first brings the change: doom can no longer be eluded. From then on the Gülleners gradually prepare themselves for the murder, are indignant about Ill's guilt, etc. Only the family tells itself to the end that everything will turn out all right; they are not wicked either, only weak as everyone is. This is a commune that, like the teacher, yields slowly to temptation, and this yielding must be understandable. The temptation is too great, the poverty too bitter. The old lady is a wicked thing, yet for this very reason must be presented not as wicked but as most human—with tears, not with anger, and also with humor because nothing will spoil this comedy (though it does end tragically) so fast as brutish solemnity.

VOCABULARY

The following words have been omitted from this vocabulary: articles, numerals, pronouns, most conjunctions and prepositions, as well as proper nouns which are explained in the notes. Weak masculine nouns are indicated as follows: **der Mensch, -en, -en.** Nouns which take adjective endings are listed as follows: **der Angeklagt -.**

ab off
die Abbildung, –en illustration; picture
ab-bröckeln to crumble away; to peel off
der Abend, –e evening
das Abendessen, – supper
das Abendkleid, –er evening dress
das Abendland the West, Occident, Western world
abendländisch occidental
das Abendlicht evening light
das Abenteuer, – adventure
aber but
die Abfahrt, –en departure; **Abfahrt!** All aboard!
ab-führen to arrest; to lead away
ab-geben, a, e to deliver, give (as of an opinion)
abgekartet plotted, put up
abgetrieben drifted away
ab-gucken (*coll.*) to learn by looking at somebody surreptitiously
ab-hängen, i, a (von) to depend on
ab-lehnen to decline
die Ablehnung, –en refusal, rejection
sich ab-mühen to labor, toil
ab-nehmen, a, o to take off
ab-rechnen to settle accounts
ab-schaffen to abolish
ab-schicken to send off
der Abschied farewell, leave
ab-setzen to deposit
absolut absolute
die Absperrung, –en gate; barricade
ab-statten to pay (as of a visit); to give, make
ab-sterben, a, o to wither, perish
die Abstimmung, –en vote
ab-urteilen to pass judgment; to decide against

ab-wenden to turn away
ab-wischen to wipe off
die Achsel, –n shoulder
die Achtungstellung, –en position of respect; **eine Achtungstellung ein-nehmen, a, o** to come to attention
der Adamsapfel, – Adam's apple
adieu farewell
die Affäre, –n affair
afrikanisch African
der Agent, –en, –en agent
ahnen to suspect, anticipate
ähnlich similar, like, resembling
die Ahnung, –en idea, conception
ahnungslos unsuspecting(ly)
der Akademiker, – person with a university education
die Aktie, –n stock, share in a company
alkoholisch alcoholic
allein alone
allerdings to be sure
allerneuest very latest or newest
alles everything
allgemein general(ly)
allzufrüh all too soon
allzuoft all too often
allzustark much too strong
das Almosen, – alms
als when; than
alt old
das Altvertraut- familiar things
die Altvordern (*pl.*) ancestors
amerikanisch American
das Amt, ⸚er official position, office
an-bieten, o, o to offer
an-bringen, a, a to apply; to mention; **ein Wort an-bringen** to put in a word
andächtig devout, pious, reverent
an-dauern to last

ändern to change
an-deuten to indicate; to intimate, suggest, hint
der **Andrang** crowd, rush; congestion
der **Anfang, ⁔e** beginning, start
an-geben, a, e to assign, indicate; **den Ton an-geben** to give the keynote
das **Angebot, –e** offer
an-gehen, i, a to concern
der **Angeklagt-** accused
die **Angelegenheit, –en** affair, concern, matter
angesichts (*with gen.*) in view of
die **Angst, ⁔e** fear, anxiety
ängstlich timid, nervous
an-halten, ie, a to stop
an-klagen to accuse
die **Ankunft, ⁔e** arrival
die **Anlage, –n** talent, natural tendency
an-legen to invest
an-locken to allure, attract
an-nähern to bring near, approximate
die **Annahme, –n** acceptance
an-nehmen, a, o to accept
an-ordnen to decree, order
an-reichern to enrich
an-rücken to approach, advance
an-schaffen to purchase; to procure, get
sich **an-schicken** to get ready
sich **an-schließen, o, o** to follow; to join
die **Anschrift, –en** inscription
die **Ansicht, –en** sight, view; opinion; **zur Ansicht** on approval
anständig decent, respectable
an-stiften to incite, provoke, instigate
die **Anstiftung, –en** instigation; cause (as of a plot)
an-stoßen, ie, o to knock against; to toast
an-strahlen to beam at
antik antique
die **Antike** antiquity
der **Antrag, ⁔e** proposition
an-tun, a, a (*with dat.*) to inflict, do to, do violence to

die **Antwort, –en** answer, reply
an-vertrauen to entrust
das **Anvertraute** something which is entrusted to somebody
anwachsend increasing
anwesend present
das **Anzeichen, –** sign, indication
an-zeigen to report (to the police)
an-ziehen, o, o to put on, dress
an-zünden to light (a fire), ignite
der **Apostel, —** apostle
die **Apostelfigur, –en** figure of an apostle
die **Apotheose, –n** apotheosis, glorification
das **Appellationsgericht, –e** court of appeal
appetitlich appetizing
die **Arbeit, –en** work
der **Arbeiter, –** worker, laborer
das **Arbeitsamt, ⁔er** Employment Service, Labor Exchange
die **Arbeitslosenunterstützung** dole
der **Arbeitsplatz, ⁔e** place of employment
der **Architekt, –en, –en** architect
arm poor
der **Arm, –e** arm
das **Armeleutequartier, –e** poor people's quarter
armenisch Armenian
der **Armring, –e** bracelet
die **Armut** poverty
arrangieren to arrange
arriviert having recently become successful ("having arrived")
die **Art, –en** kind; manner; style
der **Arzt, ⁔e** physician
der **Ast, ⁔e** branch, twig
der **Atem** breath
die **Atombombe, –n** atom bomb
auch also, too
auf-bieten, o, o to summon; to call up
auf-blitzen to flash
auf-blühen to come into bloom
auf-decken to uncover
sich **auf-donnern** (*coll.*) to dress so as to show off, dress vulgarly
auf-erstehen, a, a to rise from the dead

die **Auffassung, –en** interpretation, idea

auf-fordern to call upon, ask, request, demand

der **Aufgang, ⸚e** ascent; staircase, stairs

aufgedonnert (*coll.*) overdressed

auf-gehen, i, a to open (as of a curtain); **es geht mir auf** it becomes clear to me

aufgeregt excited

auf-hängen to hang up

auf-heben, o, o to lift, raise; to suspend, abolish, stop, repeal; to arrest (as of time)

auf-hören to stop

auf-kaufen to buy up

auf-legen to lay on; to hang up (as of a telephone)

sich **auf-lockern** to loosen

die **Aufnahme, –n** exposure, photographic picture; reception

die **Aufopferung** self-sacrifice, devotion

auf-passen to pay attention

sich **auf-raffen** to pull oneself together

auf-regen to excite, arouse

auf-schreiben, ie, ie to write down; to charge

auf-schreien, ie, ie to cry out, scream

auf-setzen to put on

auf-springen, a, u to jump up

auf-stehen, a, a to rise, get up

sich **auf-stellen** to post oneself (as of a sentry)

der **Aufstieg** rise

auf-tauchen to appear

der **Auftrag, ⸚e** commission, order, instruction

auf-treiben, ie, ie to procure, get hold of, raise (as of money)

auf-treten, a, e to appear

auf-wachsen, u, a to grow up

der **Aufwand** display; expenditure

auf-warten to pay one's respects

das **Auge, –n** eye

der **Augenblick, –e** moment, instant

aus-brechen, a, o to break out

aus-breiten to spread

der **Ausdruck, ⸚e** expression

aus-drücken to express; to press out

auseinander-breiten to spread

auseinander-gehen, i, a to go apart, split up

auseinander-ziehen, o, o to pull apart

aus-fallen, ie, a to come out, come off

aus-fragen to question, examine

aus-führen to execute, put into effect

ausgelassen unrestrained, wanton, frolicsome

ausgemergelt emaciated

ausgerechnet just, of all things

ausgesprochen decidedly

aus-halten, ie, a to bear, endure

aus-harren to persevere, hold out

der **Ausländer, –** foreigner

aus-machen to constitute

die **Ausnahme, –n** exception

aus-rotten to root out, destroy

aus-rufen, ie, u to exclaim

aus-schauen to look

aus-sehen, a, e to look, appear

außen outside

der **Außenminister, –** Foreign Secretary

außer except

außerordentlich extraordinary

äußerst extremely

das **Äußerst-** extreme

aus-spucken to spit out

aus-steigen, ie, ie to get out, disembark

der **Ausstellungszweck, –e** purpose of exhibition

aus-treten, a, e to extinguish by trampling on (as of a fire)

aus-trinken, a, u to empty (as of a glass)

aus-wandern to emigrate

das **Autohupen** hooting of an automobile (horn)

der **Autounfall, ⸚e** automobile accident

B

der **Bach, ⸚e** brook

das **Bäffchen** (*usually pl.*) bands (of a Protestant clergyman)

die **Bahnarbeit, –en** railroad work

der **Bahnhof**, ⸚e railroad station
das **Bahnhofsgebäude**, – railroad station building
der **Bahnhofvorstand** stationmaster
die **Bahre**, –n stretcher, bier, litter
bald soon
der **Balkon**, –s balcony
die **Balkonszene**, –n balcony scene
der **Ball**, ⸚e ball
die **Ballade**, –n ballad
sich **ballen** to form into a ball, conglomerate
die **Bank**, ⸚e bench
bankrott bankrupt
barmherzig compassionate
die **Baskenmütze**, –n Basque cap, beret
der **Baß**, ⸚(ss)e bass
das **Bataillon**, –e battalion
bauen to build
der **Baum**, ⸚e tree
der **Baumeister**, – architect
die **Baumgruppe**, –n group of trees
der **Bauplan**, ⸚e ground plan, architectural blueprint
beabsichtigen to intend
beachten to notice, observe, consider
beanspruchen to claim; to demand, require
bedecken to cover
bedenken, a, a to think about, contemplate
bedenklich critical(ly), serious(ly)
bedeuten to mean, signify
bedeutend important, significant
die **Bedeutung**, –en significance, importance
die **Bedingung**, –en condition
bedrohen to threaten
die **Bedrohung**, –en threat
bedrücken to oppress, distress
die **Bedürfnisanstalt**, –en public toilet
beenden to end, finish
die **Beerdigung**, –en funeral
sich **befinden**, a, u to be; to feel
befreien to free, liberate
befreundet befriended
befühlen to feel, touch, handle, examine by feeling

sich **begeben**, a, e to repair to, go to
begeistert enthusiastic(ally)
der **Beginn** beginning, start
beginnen, a, o to begin, start
begleiten to accompany, escort
beglücken to make happy, bless
begnaden to pardon (as of a criminal); to bless
begreifen, i, i to comprehend, understand
behalten, ie, a to keep; to remember
behandeln to treat, deal with
behaupten to assert, maintain
sich **beherrschen** to control oneself
die **Behörde**, –n authorities; governing body
behördlich officially
bei-bringen, a, a (with dat.) to teach to
beide both
der **Beifall** applause
der **Beifallssturm**, ⸚e storm of applause
das **Beil**, –e ax
bei-legen to make up (as of a quarrel), settle a quarrel
das **Bein**, –e leg
beinahe almost
das **Beispiel**, –e example
der **Beitrag**, ⸚e contribution
bei-wohnen to attend
bekannt known, well-known, renowned
beleidigen to insult
die **Beleuchtung**, –en lighting, illumination
beliebt popular
bemerken to notice
die **Bemerkung**, –en remark
benehmen, a, o to take away
benommen confused, benumbed, dazed
benötigen to need, require
bequem comfortable
die **Bequemlichkeit**, –en comfort
bereit ready
bereits already
der **Berg**, –e mountain
bergen, a, o to contain, conceal
bersten, a, o to burst
die **Berufung**, –en call; appointment
beruhigen to quiet, soothe, calm

berühmt famous
die **Besatzung, –en** crew
beschäftigen to occupy, keep busy; to employ
die **Beschäftigung, –en** work, occupation
der **Bescheid, –e** information; knowledge; **Bescheid wissen, u, u** to know
beschenken to present with, confer upon
beschließen, o, o to decide
der **Beschluß, ˝(ss)e** decision
beschreiben, ie, ie to inscribe; to describe
sich **beschweren** to complain
besichtigen to inspect; to visit
besiegen to conquer
besingen, a, u to celebrate (in song), praise
besinnlich thoughtful, reflective, contemplative
besitzen, a, e to own, have, possess
der **Besitzer, –** owner
die **Besoldung** pay, wages, salary
besonders especially
besser better
bessern to improve
bestätigen to confirm
bestechen, a, o to bribe
bestehen, a, a to stand steadfast, persist
besteigen, ie, ie to board (as of a train); to scale, climb
bestimmt certain(ly)
das **Bestimmt-** definite thing
die **Bestimmung, –en** determination; destiny
bestreiten, i, i to deny, contest
bestürzt confounded, dismayed
der **Besuch, –e** visit; visitation
besuchen to visit; to attend
der **Besucher, –** visitor
der **Besucht-** man who has received a visit
beten to pray
beteuern to assert, protest
betrachten to look at, view, regard, examine
das **Betragen** deportment, behavior
betreten, a, e to enter upon
der **Betrieb, –e** operation (as of a business), management; industry; factory; plant
betrunken intoxicated, drunk
das **Bett, –en** bed
betten to bed
beugen to bend
die **Bevölkerung** populace, population
bevor before
bewaffnen to arm
bewahren to preserve, protect
bewandert expert
bewegen to move
die **Bewegung, –en** motion
bewegungslos motionless
beweisen, ie, ie to prove
bewerfen, a, o to throw at, pelt
der **Bewohner, –** inhabitant
der **Bewunderer, –** admirer
die **Bewunderung** admiration
bewußt conscious
bezahlen to pay
die **Beziehung, –en** relationship
die **Bibel** Bible
biegsam supple
das **Bier, –e** beer
bieten, o, o to offer
das **Bild, –er** picture
bilden to form
billig cheap
billigen to approve
bimmeln to ring, tinkle (as of a bell)
binden, a, u to bind
bis until
bitte please
bitten, a, e to ask (for), request; to beg, implore
bitter bitter
blasen, ie, ie to blow; to blare
die **Blasmusik** brass band
blau blue
blechen (*coll.*) to pay
bleiben, ie, ie to remain
bleich pale
blenden to blind
der **Blick, –e** glance; view
blicken to glance
blind blind
der **Blind-** blind man
blitzblank sparkling
blitzen to sparkle, shine, flash
das **Blitzlicht, –er** flash bulb

blond blond
bloß bare
bloß-stellen to expose, unmask; to compromise
blühen to flower, bloom, blossom; to flourish
die **Blume, -n** flower
das **Blut** blood
blutbefleckt blood-stained
blutig bloody
blutjung very young
der **Blutspritzer, -** blood splash
der **Boden, ⸗** ground; soil; floor
das **Bordell, -e** brothel
der **Borkenkäfer, -** bark beetle
die **Börse** stock exchange
borstig bristly
böse wicked, evil; angry
das **Bös-** evil
die **Brandung, -en** surf
der **Brasilianer, -** Brazilian
brauchen to need
die **Brautjungfer, -n** bridesmaid
das **Brautkleid, -er** wedding dress
brav honest, upright; worthy, fine, good, excellent
brechen, a, o to break
breit broad
breiten to spread
die **Bremse, -n** brake
brennen, a, a to burn
der **Brief, -e** letter
die **Brille, -n** eyeglasses, spectacles
bringen, a, a to bring
das **Brot, -e** bread
brotbringend profitable
der **Brunnen, -** fountain, spring, well
die **Brust, ⸗** breast; chest
der **Bub, -en, -en** boy, lad
das **Buch, ⸗er** book
die **Buche, -n** beech tree
die **Büchse, -n** can, tin
der **Buchstabe, -n(s), -n** letter
die **Bühne, -n** stage
der **Bühnenausgang, ⸗e** stage exit
der **Bühnenraum, ⸗e** stage area
bunt colorful
der **Bürger, -** citizen, townsman
bürgerlich middle-class, bourgeois
der **Bürgermeister, -** mayor
das **Büro, -s** office

der **Bursche, -n, -n** fellow
der **Busch, ⸗e** bush
der **Busen, -** bosom
der **Butler** butler
die **Butter** butter

C

der **Charakter, -e** character; personality
charmant charming
der **Check, -s** check
der **Chirurg, -en, -en** surgeon
der **Chor, ⸗e** choir; chorus
die **Chrysantheme, -n** chrysanthemum
der **Christ, -en, -en** Christian
christlich Christian

D

dabei moreover, at the same time
das **Dach, ⸗er** roof
das **Dachgestühl** attic; rafters
dahin gone
dahin-gehen, i, a to go thither
dahin-raffen to strike down (as by disease)
dahin-siechen to waste away
das **Dahinsiechend-** that which is wasting away
damals at that time
die **Dame, -e** lady
dämonisch demonic
dampfen to steam; to chug; to move or travel by steam
dämpfen to muffle
dank (*with dat.*) thanks to
dankbar thankful, grateful
die **Dankbarkeit** gratitude
danken to thank
dann then
dar-bieten, o, o to present, offer
dar-stellen to represent; to impersonate
da-stehen, a, a to stand there
davon-brausen to roar away
davon-gehen, i, a to go away
davon-kommen, a, o to escape; to get off
davon-rasen to race away
davon-rumpeln to rumble away
davon-springen, a, u to jump away

davon-ziehen, o, o to move away, depart

dazu in addition

demokratisch democratic

denken, a, a to think

dennoch nevertheless

derart to such an extent

das **Detail, –s** detail

deutsch German

dicht-halten, ie, a (*coll.*) to keep one's mouth shut, not to breathe a word

dick stout, fat

dienen to serve

der **Dienst, –e** service

dienstlich officially

der **Dienstmann, ⸚er** porter

diktieren to dictate

das **Ding, –e** thing

dinieren to dine

der **Diplomat, –en, –en** diplomat

direkt direct(ly)

die **Dirne, –n** harlot

diskret discreet(ly)

disputieren to argue

doch after all; yet; nevertheless; though, however

donnern to thunder

das **Donnern** thunder

die **Donnerstimme, –n** voice of thunder

Donnerwetter! heavens!

dort there

die **Drapierung, –en** drapery

drängen to press, crowd

dringen, a, u to press forward; penetrate, pierce

der **Dritt-** third man

drohen to threaten

dröhnen to resound, boom, roar

die **Drohung, –en** threat

die **Droschke, –n** cab, hackney carriage

drüben over there

drücken to press

dulden to tolerate, suffer

die **Dummheit, –en** stupidity

dunkel dark

das **Dunkel** darkness

dunkelgrün dark green

die **Dunkelheit** darkness

dünn thin

durch-forschen to examine, explore, go through

durch-gehen, i, a to run away

durch-machen to endure, go through

sich **durch-ringen, a, u** to struggle through

dürfen, u, u to be permitted, may

der **D-Zug** = der **Durchgangszug, ⸚e** through train, express

E

eben exactly; just now; simply

die **Ebene, –n** plain

ebenfalls likewise

echt genuine

edel noble

edelsteinbesetzt covered with jewels

die **Ehe, –n** marriage

ehemalig former

die **Ehre, –n** honor

der **Ehrengast, ⸚e** guest of honor

der **Ehrenmann, ⸚er** man of honor

das **Ehrgefühl** sense of honor

ehrlich honest(ly)

ehrwürdig venerable

das **Ei, –er** egg

ei! well!

eigenartig curious, odd, strange, peculiar, original

eigentlich really

eilen to hurry, rush

der **Eindruck, ⸚e** impression

eindrucksvoll impressive

einfach simply; simple

ein-fallen, ie, a to occur to (as of a thought)

ein-führen to introduce

ein-gehen, i, a to come to an end

der **Eingeweiht-** the initiated

einige a few

sich **einigen** to agree

ein-kaufen to buy, purchase

ein-laden, u, a to invite

einmal once, some time; one day; **auf einmal** all at once, suddenly

ein-münden to flow into

einmütig unanimous

ein-nehmen, a, o to take in; to accept; to occupy; **eine Achtungstel-**

lung ein-nehmen to come to attention (*milit.*)

ein-reichen to submit, present, tender

die Einrichtung, –en institution, establishment; arrangement

ein-sammeln to collect, gather

ein-schenken to fill (as with a liquid); to pour in

sich ein-schließen, o, o to close oneself in

ein-schreiten, i, i to step in, intervene; to take legal steps, proceed (against)

ein-schüchtern to intimidate

ein-sehen, a, e to realize, understand

ein-setzen to start, begin; to set up; to institute

einst once, one day, once upon a time

ein-steigen, ie, ie to board (a vehicle)

ein-stellen to employ

einstimmig unanimous

der Eintritt entrance

einverstanden agreed

ein-weihen to dedicate, inaugurate

der Einwohner, – inhabitant

einzig single, sole, only

die Eisblume, –n frost etching

die Eisenbahndirektion railroad management

die Eisenbahnerwitwe, –n widow of a railway man

der Eisenbähnler, – railway man, man employed by a railroad company

die Eisenwaren (*pl.*) hardware

eisern iron

elegant elegant(ly)

elektrisch electric

das Elend misery

das Elfenbein ivory

der Empfang, ̈e reception

die Empörung, –en rebellion, revolt

endlich finally

endlos endless

energisch energetically

das Englisch English language

das Enkelkind, –er grandchild

sich entfernen to go away

entgegen-bringen, a, a to bring towards, offer

entgegen-leuchten to sparkle at, glow towards

sich entgegen-stellen to face; to stand in the way of

entgegen-treten, a, e to approach, advance towards

der Entscheid, –e decision

entscheiden, ie, ie to decide

sich entschließen, o, o to decide, resolve (on)

entschlossen resolute(ly)

entschuldigen to excuse, pardon

das Entsetzen terror, dread, fright, horror

entsetzt horrified, terrified

entstehen, a, a to come about, originate

entsteigen, ie, ie to arise from

enttäuschen to disappoint

entweichen, i, i to escape

entwerfen, a, o to design

sich entwickeln to develop

entzünden to kindle, inflame

der Epheu ivy

das Epheudickicht ivy thicket

die Epoche, –n epoch, era

erbärmlich miserable

erben to inherit

erblicken to see, perceive, catch sight of

das Erdbeben, – earthquake

erdenklich conceivable

sich ereignen to take place, occur

erfahren, u, a to come to know, learn; to experience

die Erfahrung, –en experience

erfinden, a, u to invent

erfreulich delightful; gratifying

erfreut glad

erfüllen to fulfill

ergehen, i, a (*with dat.*) to befall, happen to

ergreifen, i, i to seize, take

die Ergriffenheit emotion

erhalten, ie, a to receive

erheben, o, o to raise; sich erheben, o, o to rise

erhebend inspiring(ly)

erhellen to light up, brighten

sich erinnern to remember

die **Erinnerung, –en** memory, remembrance
erkennen, a, a to recognize; to realize
erklären to declare
die **Erklärung, –en** explanation; declaration
erlauben to permit, allow
erleichtert relieved
erleiden, i, i to suffer
ermorden to murder
die **Ermordung** murder
ermüden to tire
ernähren to feed, nourish
ernst serious(ly)
der **Ernst** earnestness, seriousness; **mit etwas Ernst machen** to put a thing into practice
ernüchtert sobered; disenchanted, disillusioned
eröffnen to open (as of a meeting)
erregen to excite, arouse
erreichen to reach; to attain
errichten to erect
der **Ersatz** substitute, replacement
erscheinen, ie, ie to appear
erschrecken to startle
erschrecken, a, o to be startled
erschüttern to move profoundly
ersparen to save, spare
die **Erstarrung, –en** numbness, stiffness
das **Erstaunen** astonishment
erstaunlich astonishing
erstaunt astonished
erst first
der **Erst-** first man
ersticken to suffocate, choke, smother
ertönen to sound, resound
erwachen to awake
erwähnen to mention
erwarten to expect; to await
erwürgen to strangle
das **Erz, –e** ore
erzählen to tell, recount
der **Erzengel, –** archangel
die **Erzhure, –** arch-harlot, strumpet
essen, a, e to eat
das **Essen** dinner
etwa about, approximately
etwas something; somewhat

der **Eunuch, –en, –en** eunuch
ewig eternal(ly)
exakt accurate, exact
das **Experiment, –e** experiment
der **Expreßzug, ⸚e** express train
das **Extrazimmer, –** extra room

F

fabeln to tell stories, spin yarns
die **Fabrik, –en** factory
das **Fach, ⸚er** subject, field of learning
der **Fachkreis, –e** professional circle, profession
der **Faden, ⸚** thread, string; **Fäden ziehen, o, o** to pull strings
die **Fahne, –n** flag
fahren, u, a to ride, travel, go; to drive
der **Fahrplan, ⸚e** timetable
das **Fahrzeug, –e** vehicle
der **Fall, ⸚e** case
fallen, ie, a to fall; **Schüsse fallen** shots are fired
fällig due, payable
falsch false(ly)
die **Familie, –n** family
der **Fangarm, –e** tentacle
die **Farbe, –n** color
das **Faß, ⸚(ss)er** barrel, vat
die **Fassade, –n** façade, front
die **Fassung, –en** composure
fassungslos disconcerted
fast almost
fauchen to hiss (as of cats)
die **Faust, ⸚e** fist
fegen to sweep
fehlen to be missing
das **Fehlurteil, –e** miscarriage of justice, misjudgment
der **Feierabend, –e** evening leisure; time for leaving off work
feierlich solemn(ly)
feiern to celebrate
felsenfest firm as a rock
das **Felsental, ⸚er** rocky valley
das **Fenster, –** window
fensterlos windowless
die **Ferien** (*pl.*) vacation, holidays
das **Ferkel, –** suckling pig
fern distant

ferner further
der **Fernsehapparat, –e** television set
das **Fernsehen** television
fest hard, firm
das **Fest, –e** festival
fest-stellen to find, establish, ascertain; to state, determine
fett fat
der **Fetzen, –** shred, scrap
feucht moist, damp
feudal feudal, aristocratic; splendid, magnificent
das **Feuer** fire
die **Feuerglocke, –n** fire bell
feuerspeiend fire-spewing
die **Feuerwehr** fire brigade, fire department
die **Fichte, –n** spruce
der **Filmapparat, –e** movie camera
die **Filmkamera, –s** movie camera
der **Filmschauspieler, –** movie actor
die **Filmschauspielerin, –(nn)en** movie actress
die **Filmwelt** movie world, movie colony
die **Filmwochenschau, –en** newsreel
finanziell financial(ly)
die **Finanzkraft, ⁻e** financial strength
der **Finanzriese, –n, –n** financial giant
die **Finanzwelt** world of finance
finden, a, u to find; to think
der **Findling, –e** (*geol.*) drift-block, rock removed by glacier from original location
fingiert imaginary, simulated
der **Fisch, –e** fish
die **Fisch-Ausrüstung, –en** fishing equipment
fischen to fish
die **Fischleidenschaft** passion for fishing
die **Fischrute, –n** fishing rod
die **Fläche, –n** area, surface
die **Flasche, –n** bottle
die **Flechte, –n** lichen
flehen to implore
der **Fleischpreis, –e** price of meat

der **Fliegenpilz, –e** toadstool
fliehen, o, o to flee
florieren to prosper, florish
flüchten to flee
der **Flugzeugabsturz, ⁻e** airplane crash
flüstern to whisper
die **Flut, –en** torrent, tide; flood
die **Föhre, –n** Scotch pine
die **Folge, –n** consequence; succession; sequel
folgen to follow
fordern to demand
die **Forderung, –en** demand
die **Forelle, –n** trout
forschen to explore
der **Fortbildungskurs, –e** course in an adult education program
fort-gehen, i, a to go away
fort-laufen, ie, au to run away
fort-legen to put aside
fort-schaffen to remove, take away
der **Fortschritt, –e** progress
der **Frack, ⁻e** dress coat, tails, tail coat
die **Frage, –n** question
fragen to ask
französisch French
das **Französisch** French language
die **Frau, –en** woman; wife; **Frau Musika** Dame Music
das **Fräulein, –** miss
die **Freiheit, –en** freedom
frei-lassen, ie, a to set free
freilich of course
der **Freimaurer, –** Freemason
die **Freude, –n** joy
der **Freudenschrei, –e** shout of joy
freudestrahlend radiant with joy
freudig joyful(ly)
sich **freuen** to be glad, rejoice
der **Freund, –e** friend
die **Freundin, –(nn)en** girl friend
freundlich friendly
die **Freundschaft, –en** friendship
der **Friede (Frieden)** peace
friedlich peaceful(ly)
frieren, o, o to freeze
frisch fresh
froh glad
fröhlich cheerful
früh early

frühchristlich early Christian
der Frühling, –e spring
das Frühstück, –e breakfast
frühstücken to breakfast
das Fuchsgehege fox preserve
fühlen to feel; **sich fühlen** to feel (as of one's state of health)
die Fühlung touch, contact; **Fühlung nehmen, a, o** to contact
führen to lead, conduct
die Fülle abundance
funkeln to sparkle
die Fürbitte, –n intercession
die Furcht fear
fürchten to fear; **sich fürchten** to be afraid
die Fürsorge, –n care, solicitude; welfare office
der Fuß, ⸚e foot

G

die Galerie, –n gallery
der Gang, ⸚e walk; gear (as of an automobile)
der Ganghoferfilm movie based on a story by the author Ludwig Ganghofer
ganz entire; quite
das Ganz– whole, total
gar even; particularly
der Garten, ⸚ garden
die Gasse, –n narrow street; alley
der Gast, ⸚e guest
der Gasthof, ⸚e inn
die Gastvorstellung, –en performance of visiting actors
der Gatte, –n, –n husband
die Gattin, –(nn)en wife
geb. = geboren born
das Gebäude, – building
geben, a, e to give; **bekannt geben** to make known, divulge; **sich Mühe geben** to try hard
gebettet bedded; situated
das Gebot, –e commandment
die Geburt, –en birth
das Geburtshaus, ⸚er birthplace
die Gedächtniskirche, –n memorial church
gedämpft muffled
der Gedanke, –ns, –n thought

das Gedeck, –e place setting (as of a table)
gedeihen, ie, ie to increase, grow, develop, flourish
gefährlich dangerous
das Gefolge following, retinue, suite, train
das Gefühl, –e feeling
gegen against
die Gegend, –en region, district
das Gegenteil, –e opposite, reverse
die Gegenwart presence
das Gehäuse shell, housing
das Geheimnis, –(ss)e secret
gehen, i, a to go; **aufs Ganze gehen** to go all out (for); **gehen um** to be a question of
gehören to belong
der Geist, –er spirit
das Geklingel tinkling, ringing (as of a bell)
gelb yellow
das Geld, –er money
die Gelegenheit, –en opportunity
geleiten to accompany
der Geliebt– beloved, lover
gelten, a, o (*with dat.*) to be intended for
gemächlich leisurely
die Gemeinde, –n commune; community
der Gemeindeanlaß, ⸚(ss)e civic occasion
das Gemeindegericht court of the commune
der Gemeindepräsident, –en, –en president of the commune
die Gemeindeversammlung, –en meeting of the commune
gemeinsam common; together
das Gemeinschaftsgefühl public spirit
das Gemeinwesen commonweal, commonwealth
gemischt mixed
gemütlich genial, jolly, cozy
die Gemütlichkeit geniality, cosiness
genau exact(ly)
sich genieren to be embarrassed
genießen, o, o to enjoy
genug enough

genügen to suffice
genügend passing (as of school grades); sufficient
die **Genugtuung** satisfaction
das **Gepäck** luggage
gerade straight; just
die **Geranie, –n** geranium
das **Gerät, –e** implement
das **Geräusch, –e** noise, din
gerecht just, fair
die **Gerechtigkeit** justice
die **Gerechtigkeitsliebe** love of justice
das **Gericht, –e** court of law; judgment; **das jüngste Gericht** Last Judgment
gern with pleasure, willingly, gladly
gertenschlank slender as a wand
der **Geruch, ⸌e** odor, smell
gerührt moved, touched
das **Geschäft, –e** store; business, commerce, trade
geschehen, a, e to happen, occur
das **Geschenk, –e** gift, donation
die **Geschichte, –n** story; history
das **Geschick, –e** destiny, fate
geschwind fast, speedy
geschwisterlich brotherly, sisterly
das **Gesetz, –e** law
das **Gesicht, –er** face
das **Gespenst, –er** ghost, spectre
das **Gespräch, –e** conversation, talk
gestehen, a, a to confess
gestern yesterday
getragen measured (as of music), grave
das **Getränk, –e** beverage, drink
gewagt daring
gewaltig gigantic, enormous
das **Gewand, ⸌er** garment, raiment, robe
das **Gewehr, –e** rifle, gun
gewiß certain(ly)
das **Gewissen** conscience
die **Gewissensnot, ⸌e** qualms of conscience
gewöhnen to accustom
gewohnt familiar
das **Gift, –e** poison
der **Gips** stucco
die **Girlande, –n** garland
der **Glanz** splendor

das **Glas, ⸌er** glass
der **Glaube, –ns, –n** faith, belief
glauben to believe
gleich equal to, same; immediately
gleichgültig indifferent(ly)
gleichzeitig at the same time
das **Gleis, –e** track, rail
glimmen, o, o to glimmer, glow, smoulder
die **Glocke, –n** bell
der **Glockenton, ⸌e** sound of a bell
das **Glück** happiness, good fortune
glücklich happy; happily
das **Glücklich-** happy things
die **Gnade** grace; mercy
gnädig gracious; merciful; die **Gnädig-** gracious lady, madam
das **Gold** gold
golden golden
goldig precious, darling, sweet
der **Goldzahn, ⸌e** gold tooth
gönnen to allow, grant, permit, not to grudge
das **Gör, –en** (*coll.*) brat
gotisch gothic
der **Gott, ⸌er** God; god
das **Gotteshaus, ⸌er** house of God
das **Götzenbild, –er** idol, graven image
der **Graf, –en, –en** count
das **Gramm** gram
das **Grammophon, –e** gramophone
grandios grand, splendid
gräßlich frightful, terrible
gratulieren to congratulate
grau grey
grauenerfüllt horror-stricken
grauenhaft gruesome, horrible
graumeliert mixed with grey
die **Grazie** grace
greifen, i, i to reach; to seize, grasp
der **Grieche, –n, –n** Greek
griechisch Greek
Griechisch-Orthodox Greek Orthodox
die **Griechischübung, –en** Greek exercise
grinsen to grin
groß tall, big
die **Größe** grandeur, greatness
großartig magnificent(ly), splendid(ly)

das **Grotesk-** grotesqueness
grün green
der **Grund,** ⸚e reason; foundation, basis
gründen to found, establish
grundsätzlich fundamental(ly)
grüngekachelt covered with green tiles
die **Gruppe, –n** group
das **Gruseln** creepy fright
grüßen to greet
die **Guitarre, –n** guitar
der **Guitarrenakkord, –e** chord played on a guitar
die **Guitarrenmelodie, –n** melody played on a guitar
das **Guitarrenmenuett** minuet for guitar
der **Guitarrentakt, –e** measure played on a guitar
die **Gülle** liquid manure
die **Gunst** favor, good will; **zu Gunsten** in favor of (for)
gut good
das **Gut,** ⸚er blessing; possession
gütlich amicable, friendly
das **Gymnasium, –sien** secondary school (with classical emphasis)

H

das **Haar, –e** hair
haben to have
der **Hacken, –** heel
der **Haken, –** hook
halb half
der **Halbkreis, –e** semicircle
halbnackt half naked
halbwegs halfway
halbzerissen half torn
das **Halstuch,** ⸚er scarf, neckerchief
halten, ie, a to hold; to stop; **halten für** to consider, think, take to be
der **Halunke, –n** rascal
die **Hand,** ⸚e hand
handeln to act
die **Handlung, –en** store; action
hängen, i, a to cling, hang, adhere
hängen to cause to hang, suspend
hantieren to handle
hassen to hate
der **Haufen, –** heap
haufenweise in heaps

die **Hauptsache, –n** main thing
die **Hauptstadt,** ⸚e capital
die **Hausfrau, –en** housewife
der **Haushaltungsgegenstand,** ⸚e household utensil
der **Hausschlüssel, –** house key
havariert damaged (as of a ship)
heben, o, o to lift, raise
der **Hecht, –e** pike
hehr (*poet.*) majestic, august
der **Heide, –n, –n** heathen
heikel difficult, ticklish, delicate
heilig holy
heim home
die **Heimat** homeland, fatherland
die **Heimaterde** native earth, native soil, native ground
das **Heimatmuseum** folk museum, museum for regional or local art
die **Heimatstadt,** ⸚e home town
heim-finden, a, u to find one's way home
die **Heimgefunden-** she who returned home
heimlich secret(ly)
die **Heirat, –en** marriage
heiraten to marry
heiß hot
heißen, ie, ei to be called; to mean; **willkommen heißen** to welcome
heiter serene; cheerful
die **Heldin, –(nn)en** heroine
helfen, a, o to help
hell bright
hellicht bright
der **Helm, –e** helmet
das **Hemd, –en** shirt
hemdärmlig in shirt sleeves
her hither, here, this way
heraus-rücken to come forth (with something)
her-bitten, a, e to ask (to come) here
her-bringen, a, a to bring hither
der **Herbst, –e** fall, autumn
der **Herbstmorgen, –** fall morning
die **Herbstsonne** autumn sun
herein-kommen, a, o to come in
herein-schauen to look in
herein-strömen to stream in
herein-stürzen to rush in
herein-tragen, u, a to carry in

her-fahren, u, a to come, approach (by vehicle)
her-fliegen, o, o to fly hither
her-flitzen to flit hither
herkulisch Herculean
der **Herr, –n, –en** mister; gentleman
her-richten to put in order, get ready, prepare
herüber-reichen to pass, hand over
herum-gehen, i, a to walk around
herum-klettern to climb about
herum-laufen, ie, au to run around
sich **herum-schlagen, u, a (mit)** to fight (with)
herum-schleichen, i, i to creep around, crawl around, prowl around
herum-spähen to be on the lookout, watch, reconnoiter
herum-tanzen to dance about
herunter-nehmen, a, o to take down
herunter-senken to lower
herunter-steigen, ie, ie to climb down
hervor-nehmen, a, o to take up, take out
hervorragend excellent
hervor-ziehen, o, o to pull out
das **Herz, –ens, –en** heart
herzlich heartfelt, cordial, hearty; extremely, very
der **Herzog, ⸚e** duke
die **Herzogin, –(nn)en** duchess
der **Herzschlag** heart failure
hetzen to hunt, pursue
das **Heu** hay
heute today
der **Heuwagen, –** hay wagon
die **Hexe, –n** witch
hier here
hiesig local
die **Hilfe** help
hilflos helpless(ly)
der **Himmel, –** sky, heaven
hin hence, thither; **hin und her** to and fro; **hin und wieder** now and then
hinauf-gehen, i, a to go up
hinauf-marschieren to march upward
hinauf-schaffen to bring up, transport up

hinauf-tragen, u, a to carry up
hinaus-gehen, i, a to go out
hinaus-starren to stare out
hinaus-tragen, u, a to carry out
hinein-rufen, ie, u to call into (a place)
hinein-schleppen to drag in
hinein-tragen, u, a to carry in
hin-halten, ie, a to offer, proffer; to endure with patience, bear up
sich **hin-pflanzen** to plant oneself, i.e., put oneself in an immovable position
hin-stellen to set down; to put (down)
hinten behind, in the rear
hinter behind
der **Hintergrund, ⸚e** background
hinterher behind, after; afterwards
die **Hinterseite, –n** backside
hinunter down
hinunter-senken to lower
hinunter-starren to stare down-(ward)
hin-weisen, ie, ie (auf) to point (to)
das **Hirngespinst, –e** fancy, whim
die **Hirnhautentzündung** meningitis
historisch historical
hitzig impetuous
hoch high; exalted
die **Hochachtung, –en** respect
die **Hochfinanz** high finance
hochinteressant extremely interesting
der **Hochruf, –e** cheer
hochschwanger very pregnant
die **Hochzeit, –en** wedding
das **Hochzeitsessen, –** wedding dinner
der **Hochzeitsgast, ⸚e** wedding guest
das **Hochzeitskleid, –er** wedding dress
der **Hofbauer, –n, –n** peasant who owns his farm
hoffen to hope
die **Hoffnung, –en** hope
hoffnungslos hopeless(ly)
die **Höhe, –n** height
der **Höhepunkt, –e** high point, climax
hold lovely; gracious

holen to fetch, get
die **Hölle** hell
die **Holzbank**, ⁼e wooden bench
der **Holztisch**, –e wooden table
horchen to listen
hören to hear
der **Hörer**, – listener (male)
die **Hörerin**, –(nn)en listener (female)
der **Horizont** horizon
die **Hose**, –n trousers
die **Hosentasche**, –n trouser pocket
das **Hotel**, –s hotel
hübsch pretty
der **Hügel**, – hill
das **Huhn**, ⁼er chicken
die **Hülle**, –n cover; **in Hülle und Fülle** in abundance
der **Humanist**, –en, –en humanist
die **Humanität** humanitarianism, high-mindedness, liberal culture
humanistisch classical (as of education)
der **Humor** humor
der **Hunger** hunger
hungern to hunger
der **Hungertod** death from starvation
hungrig hungry
der **Hunne**, –n, –n, Hun
die **Hure**, –n harlot
der **Hut**, ⁼e hat
hysterisch hysterical

I

das **Ideal**, –e ideal
Ihretwegen on your account
die **Illusion**, –en illusion, self-deception
die **Illustriert-** illustrated weekly
der **Imbiß**, –(ss)e snack, light meal
immer always
der **Import** import
indem while; since, because
der **Industriell-** industrialist
informieren to inform
innerlich inner, inward, heartfelt, sincere
die **Inschrift**, –en inscription
die **Inschriftenmalerei** sign painting

interessant interesting
das **Interieur** interior
intim intimate
inzwischen in the meantime
irgendein any one
irgendwie somehow
irgendwo somewhere
der **Irrtum**, ⁼er error, mistake
irren to err; **sich irren** to be mistaken

J

das **Jagdschlößchen**, – luxurious hunting lodge
jagen to hunt, chase, pursue
das **Jahr**, –e year
jahraus, jahrein year after year
das **Jahrzehnt**, –e decade
der **Jammer** misery; lamentation; **ein Jammer** a pity
jammern to lament, mourn, wail
jammervoll lamentable, woeful, pitiable, wretched, miserable, deplorable
je nach in each case according to
jemand somebody
jetzt now
der **Journalist**, –en, –en journalist
der **Jubel** jubilation, rejoicing
der **Jude**, –n, –n Jew
die **Jugend** youth
der **Jugendfreund**, –e friend of one's youth, chum
die **Jugendfreundin**, –(nn)en friend of one's youth (*fem.*)
die **Jugendgruppe**, –n youth group
der **Jugendstil** a style in art around 1900
der **Jugendstreich**, –e youthful prank; **Jugendstreiche machen** to sow one's wild oats
der **Jugendtraum**, ⁼e dream of youth
jung young
der **Junge**, –n, –n boy, lad
der **Jungverlobt-** a newly engaged person

K

der **Kaffee** coffee
der **Käfig**, –e cage
kahl barren

die **Kamera, -s** camera
der **Kameramann,** _"_**er** photographer
der **Kamin, -e** chimney; fireplace
der **Kammerdiener, -** valet
kämpfen to fight, battle, struggle
kapieren (_coll._) to understand
die **Karriere, -n** career
kariert checked, checkered
die **Karte, -n** card
die **Kartoffel, -n** potato
das **Kartonherz, -ens, -en** heart made of cardboard
die **Kasse, -n** till, cash register; coffer; accounts
kastrieren to castrate
die **Katze, -n** cat
kauern to squat, crouch, cower
kaufen to buy
der **Kaufmann,** _"_**er** businessman
das **Kaugummi** chewing gum
kaugummikauend chewing gum
der **Kaugummikauer, -** (_coll._) person chewing gum
kaum scarcely
kehren to turn
der **Keim, -e** shoot; seed
keineswegs by no means
die **Kelle, -n** signal rod with which a stationmaster dispatches a train
kennen, a, a to know, be acquainted with
kennen-lernen to get acquainted
der **Kerl, -e** fellow; regular fellow
kerzengerade straight as a candle
der **Kessel, -** kettle
das **Kilo, -** kilogram
das **Kind, -er** child
die **Kinderkrippe, -n** nursery
das **Kinderlachen** laughter of children
das **Kino, -s** movie theatre
die **Kirche, -n** church
klagen to complain
die **Klägerin, -(nn)en** plaintiff (_fem._)
der **Klang,** _"_**e** sound, tone
klappen (_coll._) to come off, be a success
klar clear
die **Klassenerst-** star pupil (_fem._)
klassisch classical
klatschen to clap, applaud

kleben to paste, glue, stick; to adhere
das **Kleid, -er** dress; (_pl._) clothes
kleiden to dress
die **Kleidung, -en** attire, dress
klein small, little
die **Kleinigkeit, -en** trifle
die **Kleinstadt,** _"_**e** small town
das **Kleinstadtleben** small-town life
der **Kleinwarenladen,** _"_**en** notion store
klettern to climb
klingeln to ring
klopfen to knock
klug smart, intelligent
knicksen to curtsy
das **Knie'**, _pl._ **Kni'e** knee
die **Kniebeuge, -n** (deep) knee bend (gymnastics)
knien to kneel
knipsen (_coll._) to take a snapshot, photograph
der **Koffer, -** suitcase
der **Kofferträger, -** porter
der **Kognak** cognac
der **Kollege, -n, -n** colleague
komisch funny
kommen, a, o to come; **kommen auf** to come upon, hit upon (as of an idea); **in Schwung kommen** to start moving, start swinging; **zu stehen kommen** to come to cost
die **Kommode, -n** chest of drawers
komplett complete
komponieren to compose
die **Konjunktur** boom (as of business)
können, o, o to be able, can; to know
der **Kopf,** _"_**e** head
die **Kopfbewegung, -en** motion of the head
der **Kondukteur, -e** conductor
die **Konsequenz, -en** consequence
konsterniert puzzled
das **Korn,** _"_**er** grain; standard (of metal); front sight (of a rifle); **von altem Schrot und Korn** of the good old type, of sterling worth
das **Kornfeld, -er** field of grain
korrigieren to correct
kostbar precious, expensive

kosten to cost
köstlich precious, delicious
das Kotelett, -e cutlet, chop
die Kraft, ⸗e strength
kräftig vigorous; strong
der Krämer, - shopkeeper
der Kran, -e crane
krank sick, ill
der Kranz, ⸗e wreath
das Kraut, ⸗er weed (slang for tobacco); herb
die Krawatte, -n (neck)tie, cravat
das Kreatürlich- all living things
der Kredit, -e credit
der Kreis, -e circle; group
kreischen to screech
krepieren (vulg.) to die
das Kreuz, -e cross
kreuzbrav thoroughly honest
kriechen, o, o to creep, crawl
der Krieg, -e war
kriegen to get
krümmen to bend
der Kuckuck, -e cuckoo
kugeln to roll; zum Kugeln (coll.)
enough to make one double up with
laughter
kühl cool
kühn bold
die Kultur, -en culture
die Kulturstadt, ⸗e city with cul-
tural advantages
sich kümmern (um) to be worried
(about), worry; pay heed (to)
der Kunde, -n, -n customer
die Kundgebung, -en demonstration, rally
die Kundschaft customers, clientele
die Kunst, ⸗e art
der Künstler, - artist
die Künstlerhilfe foundation bene-
fiting artists, support for artists
der Kunstturner, - gymnast
die Kupplerin, -(nn)en procuress,
bawd
der Kurfürst, -en, -en Elector (in
the German Empire)
der Kurs, -e course
die Kurve, -n curve
kurz short
der Kuß, ⸗(ss)e kiss
küssen to kiss

L

lachen to laugh
lächerlich ridiculous
laden, u, a to load
der Laden, ⸗ store, shop
die Ladenkasse, -n cash register of
a store
der Ladentisch, -e store counter
die Ladentür, -en store door
die Lage, -n situation, position
der Laie, -n, -n layman
das Land, ⸗er country
die Landschaft, -en landscape
lang long; lange for a long time
langgezogen drawn out
langsam slow(ly)
der Lärm noise, din
lassen, ie, a to let; fahren lassen
to let go; sich scheiden lassen to
get a divorce; im Stich lassen to
abandon, leave in the lurch
lästig troublesome, irksome, tedious
die Lästigen (pl.) the troublesome,
the irksome, the tedious
die Lateinübung, -en Latin exercise
das Laub foliage
lauern to lie in wait, lurk
laufen, ie, au to run
lausig lousy
laut loud
läuten to ring, peal, toll
leben to live
das Leben life
der Lebensfaden, ⸗ thread of life
die Lebensmittel (pl.) provisions,
groceries
die Leber, -n liver; frei von der
Leber weg reden to speak one's
mind, to speak frankly
leer empty
legen to lay, place, put
die Lehne, -n back of a chair
lehnen to lean
der Lehrauftrag, ⸗e teaching appointment
der Lehrer, - teacher
die Lehrerschaft faculty
der Lehrling, -e apprentice
der Lehrmeister, - teacher
der Leib, -er body
das Leibchen, - bodice, vest

die **Leiche, –n** corpse
der **Leichnam, –e** corpse
leicht light
leid painful, disagreeable (*only predicatively with* **sein, tun, werden,** *and dat.*); **es tut mir leid** I am sorry, I regret
das **Leid** harm, hurt, injury, wrong, pain, sorrow, grief
leiden, i, i to suffer
die **Leidenschaft, –en** passion
leider unfortunately
leise softly; slight
leisten to fulfill, carry out, give; **sich** (*dat.*) **etwas leisten** to afford something
die **Leistung, –en** achievement, performance
die **Leiter, –n** ladder
lernbegierig eager to learn, studious
der **Lernbegierige, –n** eager student
lernen to learn
lesen, a, e to read
letzt last
leuchten to shine
die **Leute** people
das **Licht, –er** light
lichterloh blazing
lieb dear
die **Liebe** love
das **Lieb–** beloved things
lieben to love
lieber rather
der **Liebesort, –e** lovers' meeting place, love site
das **Liebespaar, –e** pair of lovers
der **Liebhaber, –** lover; devotee
das **Lieblingslied, –er** favorite song
das **Lieblingsstück, –e** favorite piece
liegen, a, e to lie
die **Liegestütz** push-up position (gymnastics)
die **Limousine, –n** limousine
die **Linde, –n** linden tree
links to the left
die **Lippe, –n** lip
der **Liter, –** liter
die **Literatur, –en** literature
die **Liturgie** Liturgy
logieren to room

logisch logical
lohnen to be worth while, pay
die **Lokalität, –en** locality
das **Lorgnon** lorgnette
los! let's go!, go on!
das **Los, –e** lot
löschen to extinguish
los-schießen, o, o to fire away
die **Luft, ⸚e** air
die **Lüge, –n** lie
der **Lumpen, –** rag, tatter
die **Lungenschwindsucht** consumption
lustig merry
der **Luxus** luxury

M

machen to make, do; **mit etwas Ernst machen** to put a thing into practice; **die Kasse machen** to do the accounts; **es macht sich schöner** it has a nicer effect
machtlos powerless
das **Mädchen, –** girl
mager thin, gaunt
der **Maikäfer, –** may bug (English), June bug
das **Mal, –e** point of time, time, bout, turn
der **Maler, –** painter
die **Malerei** painting; picture
der **Manchesteranzug, ⸚e** corduroy suit
manchmal sometimes
der **Mann, ⸚er** man, husband
der **Männerverbrauch** consumption of men
der **Mantel, ⸚** overcoat; cover
das **Manuskript, –e** manuscript
das **Mark** marrow
markieren to simulate, pretend to be, indicate
der **Marktplatz, ⸚e** market place
die **Marotte, –n** whim
marschieren to march
materiell material
der **Matrosenanzug, ⸚e** sailor's suit
die **Mauer, –n** wall
das **Maul, ⸚er** mouth (of animals); (*vulg.*) of persons
das **Mausoleum** mausoleum
das **Meer, –e** ocean, sea

meiden, ie, ie to avoid
meilenweit for miles
der Meineid, –e perjury
meinen to think, opine; to mean
die Memoiren (*pl.*) memoirs
die Menge, –n quantity, large amount; crowd, throng
der Mensch, –en, –en human being
das Menschengeschlecht human race
das Menschenknäuel, –e human coil, throng, crowd
die Menschheit humanity
menschlich human
die Menschlichkeit humanity, humaneness
das Menuett minuet
merken to notice
merkwürdig peculiar, odd, remarkable
das Messer, – knife
der Metzger, – butcher
das Mikrophon, –e microphone
die Milch milk
der Milchkessel, – milk kettle
mild mild
die Milliarde, –n billion
die Milliardärin, –(nn)en multimillionaire (*fem.*)
der Millionär, –e millionaire (*masc.*)
minim minimal
die Minute, –n minute
mischen to mix
die Misere misery
mißachten to disregard
mißglückt blundered
der Mißstand, ⸗e grievance; abuse
das Mißtrauen suspicion, mistrust
mißtrauisch suspicious
das Mißverständnis, –(ss)e misunderstanding
die Mistgabel, –n pitchfork (for manure)
mit with
mit-bringen, a, a to bring along
der Mitbürger, – fellow townsman
miteinander with one another, together
mit-fahren, u, a to come along on a ride
das Mitgefühl compassion
das Mitglied, –er member

mit-machen to participate
mit-tanzen to join the dance
die Mitte middle, center
das Mittelmeer Mediterrean
die Mode, –n fashion
modern fashionable
der Modeschöpfer, – fashion creator, fashion designer
möglich possible; possibly
möglicherweise possibly
die Möglichkeit, –en possibility
mondän modish, fashionable
der Mond, –e moon
das Mondlicht moonlight
das Monstrum, –stren monster
montiert assembled, fitted up
das Moor, –e bog, swamp
das Moos moss
moralisch moral
der Mord, –e murder
der Mörder, – killer, murderer
das Mordinstrument, –e murderous instrument
der Morgen, – morning
das Morgenessen, – breakfast
der Morgenrock, ⸗e dressing gown, housecoat
morgens in the morning
müde tired
die Mühe, –n effort; sich Mühe geben, a, e to try hard
mühsam laborious(ly)
die Multimillionärin, –(nn)en multimillionaire (*fem.*)
der Mund, ⸗er mouth
das Münster, – cathedral
das Münsterportal, –e portal of the cathedral
munter lively, merry
murmeln to murmur
die Musik music
der Musiker, – musician
der Muskel, –n muscle
müssen to be forced to, have to, be compelled to
mustern to muster, survey
der Mut courage
mutig courageous(ly)
der Mutter, ⸗ mother
das Müttersanatorium convalescent home for mothers
die Mütze, –n cap

N

nach after

der **Nachbar, –n** neighbor

das **Nachbarkind, –er** neighbor's child, child next door

die **Nachbarstadt, "e** neighboring town

nach-denken, a, a to think, reflect, ponder

nachdenklich thoughtful

der **Nachfolger, –** successor

nach-gehen, i, a to pursue, follow

nach-rücken to move up, follow

nach-rufen, ie, a to shout after

nach-schauen to look after, gaze after

nach-spähen to scout

die **Nächstenliebe** neighborly love, love of one's neighbor

nach-streichen, i, i to follow stealthily

die **Nacht, "e** night

nachträglich belatedly

nackt naked

nah near, close

nahen to approach

sich **nähern** to approach

die **Nahrung** food, nourishment

der **Name, –ns, –n** name

namenlos nameless

nämlich as a matter of fact

die **Nationalhymne, –n** national anthem

die **Natur** nature; character

naturalistisch naturalistic

das **Naturgesetz, –e** natural law, law of nature

natürlich natural(ly); of course

das **Natürlich-** the natural

natürlicherweise naturally

der **Nebel** mist, fog

nebenan close by, next door

nehmen, a, o to take; **Fühlung nehmen** to contact; **Platz nehmen** to take a seat, sit down

neigen to incline, bend

nennen, a, a to call, name

das **Neonlicht, –er** neon light

das **Nest, –er** nest; (*fig.*) small country town

nett nice

neu new

der **Neubau, –ten** new building

neuerstanden risen anew; reconstructed

der **Neugeboren-** newborn (*masc.*)

der **Neureich-** newly rich, parvenu (*masc.*)

nicht not

nie never

nieder-drücken to press down

nieder-kauern to crouch, squat

nieder-schlagen, u, a to beat down

die **Niederung, –en** lowland, plain

niemand nobody

niesen to sneeze

nihilistisch nihilistic

nimmermehr nevermore

der **Nobelpreisträger, –** Nobel Prize winner

noch still; yet

die **Not, "e** distress, need

die **Notbremse, –n** emergency brake

die **Note, –n** school grade

notieren to make a note, note

nötig needful, necessary; **nötig haben** to need

das **Notizbuch, "er** notebook

die **Notwendigkeit, –en** necessity

nüchtern sober(ly)

null zero

nur only

nutzlos useless, unprofitable

das **Nutzobjekt, –e** useful object

O

oben upstairs, above

das **Obergymnasium** superior secondary school (with classical emphasis)

der **Oberrichter, –** Chief Magistrate

oberst uppermost, first

öde empty, bare, bleak, desolate

oder or

offen open(ly), frank(ly)

offenbar apparently

öffentlich public

offiziell official(ly)

öffnen to open

ohne without

das **Ohr, –en** ear

das **Öl, –e** oil

die **Ölflotte, –n** fleet of oil tankers
der **Onkel, –** uncle
die **Oper, –n** opera
der **Operationssaal, –säle** operating room
operieren to operate
das **Opfer, –** victim
die **Opiumhöhle, –n** opium den
die **Opposition, –en** opposition
die **Ordnung, –en** order
orientieren to orientate; to inform
der **Ort, –e** place
Ostern Easter

P

packen to pack
paffen to puff, smoke
der **Palazzo** (*Italian*) palace
die **Panne, –n** breakdown
das **Panorama** panorama
der **Panther, –** panther
der **Panzer, –** armor, tank *(milit.)*
das **Papier, –e** paper
die **Pappelallee, –n** avenue lined with poplars
der **Park, –e** park
die **Partei, –en** party (political)
die **Parze, –n** one of the three Fates
der **Pascha, –s** pasha
passen to fit, suit
passieren to take place
das **Passionsspiel, –e** Passion Play
der **Patient, –en** patient
die **Peitsche, –n** whip
der **Pelzmantel, ⸗** fur coat
per by means of
das **Perlenhalsband, ⸗er** pearl necklace
der **Persianer** Persian lamb coat
das **Personal** staff, personnel
der **Personenzug, ⸗e** local train
die **Persönlichkeit, –en** personality
pfänden to attach, seize, take in pledge
der **Pfändungsbeamt-** bailiff
der **Pfarrer, –** pastor
die **Pfeife, –** pipe
Pfingsten Pentecost
pflanzen to plant
die **Pflanzenkunde** botany
das **Pflaster, –** pavement
pflegen to nurse; to be in the habit of

die **Pflicht, –en** duty
pfui! phooey!, shame!
der **Pfuiruf, –e** shout of "phooey"
der **Photoapparat, –e** camera
der **Photograph, –en, –en** photographer
der **Pilz, –e** mushroom
pinseln to paint, brush, daub
das **Plakat, –e** poster
der **Plan, ⸗e** plan; blueprint
planen to plan
planvoll planned, systematic
plätschern to splash
der **Platz, ⸗e** place; **Platz machen** to make room; **Platz nehmen, a, o** to take a seat, sit down; **am Platze sein** to be appropriate
der **Plunder** trash, rubbish, junk
plündern to rob, sack, plunder
der **Politiker, –** politician
politisch politically
die **Polizei** police
der **Polizeiposten, –** police post
der **Polizeiwachtmeister, –** police sergeant
der **Polizist, –en, –en** policeman
pompös pompous
der **Pope, –n, –n** priest of the Greek Orthodox Church
das **Porträt, –e** portrait
porträtieren to portray
die **Pose, –n** pose, position
positiv positive
die **Post** mail
der **Postbeamt-** postoffice official or clerk
der **Posten, –** post
prächtig splendid
praktisch practical
prall tight, taut; **die pralle Sonne** full glare of the sun
der **Präsident, –en, –en** president
predigen to preach
der **Preis, –e** price
die **Presse** press
der **Pressemann, ⸗er** reporter
der **Pressephotograph, –en** press photographer
der **Priester, –** priest
das **Prinzip, –ien** principle
probieren to try
profan profane

der **Prophet, -en, –en** prophet
protestieren to protest
die **Prothese, –n** artificial limb
die **Prozession, –en** procession
prügeln to thrash
das **Psalmenbuch** Psalter
psychologisch psychologically
das **Publikum** public; audience
das **Pult, –e** desk
das **Pulver** powder; gunpowder
der **Punkt, –e** point, spot
die **Pünktlichkeit** punctuality
die **Pyramide, –n** pyramid

Q

quälen to torment
das **Quartett, –e** quartet (*music*)
quer diagonal(ly)

R

die **Rache** revenge
rachitisch rickity
das **Radio, –s** radio
die **Radiomusik** radio music
der **Radioreporter, –** radio reporter
der **Radiosprecher, –** radio announcer
der **Rand, ⸗er** edge, brink, rim
rasen to race
rasseln to rattle
das **Rätsel, –** riddle, enigma
rattern to rattle, clatter
der **Raubmörder, –** one who commits murder with intent to rob
die **Raubtierjagd, –en** big-game hunt
der **Rauch** smoke
rauchen to smoke
die **Rauchwolke, –n** cloud of smoke
der **Raum, ⸗e** room
raunen to whisper
rauschen to rustle, murmur, roar
recht true, real; right; just; **recht haben** be right
das **Recht, –e** right
rechts to the right
der **Rechtsanwalt, ⸗e** lawyer
rechtschaffen righteous, upright, just, honest
der **Rechtsstaat, –en** state founded on law and order
die **Rede, –n** speech, talk

reden to talk, speak
das **Regal, –e** shelf
regeln to regulate
regelrecht regular
die **Regierungskommission, –en** government commission
der **Regierungsstatthalter, –** government representative; governor
regungslos immovable
das **Reh, –e** roe deer (small European deer); doe, fawn
reichen to suffice; to proffer, offer
der **Reichtum, ⸗er** wealth, riches; opulence
die **Reihe, –n** row, file, line
reihen to arrange in a row
rein pure
rein-waschen, u, a to wash clean; to clear, vindicate
die **Reise, –n** journey, travel
reisen to travel
der **Reisend-** traveler
reißen, i, i to pull; **in die Höhe reißen** to pull up
der **Rektor, –en** principal
rennen, a, a to run
der **Rennstall, ⸗e** racing stable
renoviert renovated
die **Reportage** eye-witness account
der **Reporter, –** reporter
der **Respekt** respect
respektieren to respect
der **Rest, –e** rest
das **Restaurant, –s** restaurant
die **Reue** repentance
reuen to regret, be sorry (for); **es reut mich** I am sorry about it
das **Rezitativ, –e** recitative (*music*)
richten to set right, adjust; **sich richten nach** to adjust to; **richten auf** to point at
der **Richter, –** judge
richtig correct
riechen, o, o to smell
der **Riese, –n, –n** giant
die **Riesenaufgabe, –n** giant task
der **Riesenbeifall** enormous applause
die **Riesenhochzeit, –en** enormous wedding
die **Riesensensation, –en** enormous sensation

riesig enormous, immense
ringen, a, u to struggle
der Rivierakram (*coll.*) Riviera business, everything connected with the Riviera
der Rock, ⸚e dress coat, coat; skirt
rollen to roll
die Romanze, –n romance
die Rose, –n rose
rostig rusty
rot red
rotgelockt with red locks
rothaarig red-haired
rücken to move
der Rücken, – back
rückwärts backwards
rufen, ie, u to shout, call
die Ruhe rest; peace, quiet, silence, calm
ruhig calm(ly)
rühren to move
rührend moving, touching
die Ruine, –n ruin
ruiniert ruined, in ruins
rumpeln to rumble, jolt
der Rundfunk radio, broadcasting
runter (*coll.*) = **herunter** down
der Russe, –n, –n Russian
rüstig spry

S

der Saal, Säle hall, assembly room
die Sache, –n thing, matter; **zur Sache** to the point, to business
der Sack, ⸚e bag
sagen to say
die Sakristei vestry
der Salon, –s drawing room
der Salonwagen, – Pullman car
salutieren to salute
sammeln to collect
sämtlich all, entire
die Sänfte, –n sedan chair
das Sänftetragen carrying a sedan chair
sanieren to restore to health
der Sarg, ⸚e coffin
die Sattheit satiety
sauber clean; neat; pretty; fine
der Säufer, – drunkard
sausen to rush, dash
schäbig shabbily

die Schachtel, –n box, package
schade! a pity!, too bad!
schaden to hurt, injure
der Schaden, ⸚ injury, hurt
schaffen, u, a to create, produce
schaffen to bring, convey; **zur Stelle schaffen** to bring hither
der Schafskopf, ⸚e blockhead
sich schämen to be ashamed
schamlos shameless, impudent, brazen
schändlich shameful, disgraceful
das Scharnier, –e hinge, joint
die Schärpe, –n scarf, sash
sich scharen um to gather around
der Schatten, – shadow
der Schatz, ⸚e treasure
schätzen to esteem, adore
Schatzi (*coll.*) sweetie
schauen to look
schauerlich horrible
das Schaufenster, – shop window
das Schauspielhaus, ⸚er theatre
die Scheibe, –n disk
scheiden, ie, ie to separate; **sich scheiden lassen, ie, a** to get a divorce
die Scheidung, –en divorce
scheinen, ie, ie to appear, seem
der Scheinwerfer, – floodlight, searchlight; spotlight (*theat.*)
der Schenkel, – thigh
schenken to present, give, bestow, donate
die Schenkung, –en gift, donation
scheu shy
die Scheune, –n barn
scheußlich horrible
schicken to send; **es schickt sich** it is proper
die Schicksalsgöttin, –(nn)en Goddess of Fate
schießen, o, o to shoot
das Schiff, –e ship
der Schimmer glimmer, lustre
der Schinken, – ham
schlafen, ie, a to sleep
die Schlafkammer, –n bedchamber
das Schlafzimmer, – bedroom
der Schlag, ⸚e blow; shock, impact; **mit einem Schlag** at one blow, all at once

schlagen, u, a to beat, slap
schlank slim, slender
schlankweg roundly, downright, flatly
schlecht bad
der Schleier, – veil
schlicht simple, unassuming, plain
schließen, o, o to shut, close; **von sich auf andre schließen** to judge others by oneself
schließlich after all
schlimm bad; nasty, ill
das Schloß, ̈(ss)er castle
der Schlot, –e smokestack; chimney
schluchzen to sob
der Schluß, ̈(ss)e end; conclusion
die Schlußabstimmung, –en final vote
das Schlußbild, –er final picture, final image
der Schlüssel, – key
schmauchen to smoke, puff
schmecken to taste
schmerzerfüllt full of pain, deeply afflicted
der Schmierer, – dauber
der Schmiß, –(ss)e saber cut
schmücken to decorate; **sich schmücken** to deck oneself out
schmutzig dirty
schnappen to snap; to snatch, grab; **nach Luft schnappen** to gasp for air
der Schnaps liquor
schneiden, i, i to cut
schnell fast
der Schnellzug, ̈e express train
der Schnurrbart, ̈e mustache
schnurren to purr
die Schokolade, –n chocolate
schon already
schön beautiful; fine, nice; all right
schonen to treat with consideration; be sparing of, save; **sich schonen** to take care of oneself
die Schönwetterperiode, –n period of fine weather
die Schonzeit, –en closed season
schöpfen to ladle, scoop out
das Schoßhündchen, – little lap dog
der Schrei, –e yell, shriek
schreiben, ie, ie to write

die Schreibmaschine, –n typewriter
schreien, ie, ie to shout, scream
schreiten, i, i to stride, step; **schreiten zu** to proceed to
der Schritt, –e step
der Schrot, –e buckshot; **von altem Schrot und Korn** of the good old type, of sterling worth
der Schuft, –e scoundrel
der Schuh, –e shoe
schuld sein to be at fault, be to blame
die Schuld, –en debt
die Schule, –n school
der Schüler, – pupil
der Schulmeister, – schoolmaster
die Schulrodel school record
die Schulter, –n shoulder
die Schürze, –n apron
schußbereit ready to shoot
der Schutz protection
schutzbedürftig in need of protection, helpless
schützen to protect
schwach weak
der Schwach- weak man
schwanken to rock, sway, roll
schwarz black
schwatzen to chatter, tattle, gossip
schweben to hover; to glide
schweigen, ie, ie to be silent
das Schweigen silence
das Schwein, –e pig, swine
der Schweiß sweat
schwenken to wave
schwer heavy; difficult
schwindelnd dizzy
schwingen, a, u to swing
schwören, o, o to swear
schwül sultry, oppressive
der Schwung, ̈e swing; ardor; **in Schwung kommen, a, o** to start moving, start swinging
die Seele, –n soul
sehen, a, e to see
sehenswert worth seeing
die Seide silk
seit since
die Seite, –n side
selb self, same
selbstlos selfless, disinterested

selbstverständlich of course; obvious(ly)

seltsam peculiar, strange

senkrecht vertical; upright

servieren to serve

die **Serviette, –n** napkin

servus so long

setzen to place; **sich setzen** to sit down; **in Bewegung setzen** to begin to move, set in motion; **sich in Verbindung setzen (mit)** to get in touch (with)

sicher sure; safe

die **Sicherheit, –en** safety; security

sichtbar visible

sichtlich visibly

siebenjährig seven years old

das **Signal, –e** signal

der **Sigrist, –en, –en** sexton, sacristan

silbrig silvery

singen, a, u to sing

sinken, a, u to sink; to drop, fall

der **Sinn, –e** sense; feeling

sinnen, a, o to reflect, brood; **sinnen auf** to scheme, contrive, plot

sinnlos senseless

die **Sitte, –n** custom

sittlich moral, ethical

die **Situation, –en** situation

sitzen, a, e to sit

der **Skandal, –e** scandal

sofort at once

der **Sohn, "e** son

solide solid

sollen shall, should, ought, be obliged; to be said to, be supposed to

der **Sommer, –** summer

sondern but to the contrary

die **Sonne, –n** sun

die **Sonnenblume, –n** sunflower

sonnenhaft sunlike

sonntäglich appropriate to Sunday; every Sunday

das **Sonntagskleid, –er** Sunday clothes

sonst at other times, otherwise

die **Sonstigen** others

die **Sorge, –n** care, worry

sich **sorgen** to be worried, concerned; **sorgen für** to attend to, care for

sorgfältig careful(ly)

sorglos carefree

die **Sorte, –n** brand

sozial social

das **Sozialwerk, –e** social work

sozusagen so to speak

spähen to scout, reconnoiter; to watch, be on the lookout

die **Spannung, –en** tension; suspense

der **Spaß, "e** joke

später later

spazieren to walk, promenade

spazieren-gehen, i, a to walk, promenade

der **Spaziergang, "e** walk

der **Specht, –e** woodpecker

die **Speise, –n** food, meal, dish

der **Speisewagen, –** dining car

spekulieren to speculate

der **Sperber, –** hawk

das **Spiel, –e** game; **es steht auf dem Spiel** it is at stake

spielen to play

spinnen, a, o to spin; to plot

die **Spinnweben = das Spinngewebe** spider's web

das **Spital, "er** hospital

sportlich sporty

sprechen, a, o to speak

springen, a, u to jump

das **Spruchband, "er** scroll, banner

spucken to spit

spüren to feel, sense

die **Stadt, "e** town, city

der **Stadtarzt, "e** town physician

das **Städtchen, –** little town

das **Stadthaus, "er** city hall

die **Stadtkasse** city treasury

die **Stadtmusik** town band

der **Stadtrat** city council

die **Staffelei, "en** easel (*paint.*)

der **Stamm, "e** trunk, stem

stammen aus to hail from

stampfen to stamp, pound; to trudge

stampfend pounding

die **Standortsbestimmung, –en** designation of site

stark strong; very

die **Stärke** strength

starr rigid, stiff

starren to stare

der **Staub** dust
staunen to be astonished
stecken to put, place
stehen, a, a to stand; **auf dem Spiel stehen** to be at stake; **zur Verfügung stehen** to be at the disposal
stehlen, a, o to steal
steigen, ie, ie to rise, climb; to increase
die **Steigerung, –en** increase; intensification
der **Stein, –e** stone
die **Stelle, –n** spot, place; position, job
stellen to place, put, set; **Bedingungen stellen** to impose conditions; **Forderungen stellen** to make demands
die **Stellung, –en** position
das **Stellwerk, –e** signal box
sterben, a, o to die
der **Sterbend-** moribund man, dying man
das **Stethoskop, –e** stethoscope
stets constantly
die **Steuer, –n** taxe
steuern to steer
der **Stich, –e** prick, stab, thrust; **im Stich lassen, ie, a** to abandon
stiften to donate; to establish
die **Stiftung, –en** foundation, fund; donation
still quiet, silent
die **Stille** silence, quietness
still-legen to shut down (as of a business)
stillvergnügt calm(ly), serene(ly)
die **Stimme, –n** voice
stimmen to tune; **es stimmt** that is correct
die **Stimmgabel, –n** tuning fork
die **Stimmung, –en** mood
stinkend stinking
stolz proud
stopfen to fill (as of a pipe)
stören to disturb
der **Stoß, ⸗** push, shove
stoßen, ie, o to push, shove
stottern to stutter
strafen to punish
strahlen to beam, radiate, shine

die **Straße, –n** street
der **Strauch, ⸗er** shrub
die **Strecke, –n** section, stretch, distance
streichen, i, i to stroke
streiken to strike (as of a worker)
streiten, i, i to fight
das **Stroh** straw
der **Strohhalm, –e** (single) straw
strömen to stream, flow, run
studieren to study
die **Stufenleiter, –n** stepladder
der **Stuhl, ⸗e** chair
die **Stuhllehne, –n** back of a chair
stülpen to put on carelessly
die **Stunde, –n** hour; lesson
stundenlang for hours
stürzen to run, rush, dash; to hurl, throw down, plunge
stutzen to stop short, hesitate, be startled
die **Subvention, –en** subsidy, loan
suchen to seek, search, look for
der **Süden** south
die **Sünde, –n** sin
der **Sünder, –** sinner
sündhaft sinful(ly)
die **Suppenanstalt, –en** soup kitchen
surren to hum, buzz
süß sweet
sympathisch congenial, likeable
die **Szene, –n** scene

T

der **Tabak** tabacco
die **Tabakpfeife, –n** pipe
die **Tabakplantage, –n** tobacco plantation
die **Tafel, –n** sign, board
der **Tag, –e** day
der **Talar, –e** robe, gown
die **Tanne, –n** fir
tanzen to dance
der **Tanzmeister, –** dancing instructor
tappen to grope, fumble
die **Tasche, –n** pocket; handbag
das **Taschengeld, –er** pocket money
das **Taschentuch, ⸗er** handkerchief
die **Tat, –en** deed; **in der Tat** indeed

der **Tatbestand** facts (of a case); evidence (law)

tatsächlich indeed

tauchen to immerse, dive

taufen to baptize

täuschen to deceive

technisch technical(ly)

der **Tee** tea

der **Teil, –e** part

telephonieren to telephone

das **Tempo** speed

das **Tenniskostüm, –e** tennis suit

der **Tennisschläger, –** tennis racket

teuer expensive

der **Teufel, –** devil

die **Teufelei, –en** deviltry; devilishness

das **Teur-** dear, cherished things

der **Text, –e** text

das **Theaterportal, –e** theatre portal

der **Theatersaal, –säle** auditorium of a theatre

tief deep

tiefblau deep blue

das **Tier, –e** animal

die **Tierkunde** zoology

tippen to touch gently, tap

der **Tisch, –e** table

das **Tischtuch, ⁻er** tablecloth

das **Titelbild, –er** cover picture

die **Tochter, ⁻** daughter

der **Tod** death

der **Todesfall, ⁻e** (case of) death

die **Todesstrafe** capital punishment

todsicher dead certain, sure as fate

tollen to romp

der **Ton, ⁻e** tone, sound

tönen to sound

tönend resonant, resounding

der **Tonfall** intonation

tosend uproarious

tot dead

der **Tot-** dead person

töten to kill

der **Totenschein, –e** death certificate

die **Totenstille** dead silence

sich **tot-lachen** to laugh oneself dead

trachten to strive, endeavor

die **Tradition, –en** tradition

tragen, u, a to carry; to wear

die **Tragik** tragedy, calamity

die **Tragödie, –n** tragedy

das **Traktandum, –den** (*Swiss*) subject under discussion

die **Träne, –n** tear

das **Transparent** transparency; transparent screen

trauen to give in marriage; to trust

der **Trauermarsch, ⁻e** funeral march

der **Traum, ⁻e** dream

träumen to dream

traurig sad

treffen, a, o to hit, strike; to encounter, meet (with)

treiben, ie, ie to drive, push; to carry on, do

trennen to separate

treten, a, e to step; **treten in** to enter

trinken, a, u to drink

trommeln to drum

trösten to console

trostlos bleak, desolate

trotz in spite of

die **Trümmer** (*pl.*) wreckage, debris, ruins

tuberkulös tuberculous

das **Tuch, ⁻er** cloth

tun, a, a to do

die **Tür, –en** door

der **Turm, ⁻e** tower, spire

türmen to pile up

turnen to do gymnastics

der **Turner, –** gymnast

das **Turnerleibchen, –** gym shirt, jersey

der **Turnverein, –e** athletic association

tuten to blow (as of a horn)

U

übel bad

überall everywhere

übereinander-türmen to pile one on top of another

überhäufen to overwhelm

überhaupt generally, in general; really, on the whole, after all

überholen to overtake, pass

übermütig exuberant

übernachten to spend the night, stay overnight

überreichen to hand over, present
überschütten to pour over or on, cover, overwhelm
überschwemmen to inundate, flood
übersehen, a, e to overlook
die **Übersicht** view, sight; review; control, supervision
über-siedeln to move
über-treiben, ie, ie to exaggerate
überwältigt overwhelmed
überwuchern to overgrow
üblich customary, usual
übrig remaining, left over
übrig-bleiben, ie, ie to remain
die **Uhr, –en** clock, watch
um-bauen to make alterations; to rebuild
um-binden, a, u to tie on, tie around
um-bringen, a, a to kill
umfangen, i, a to enclose, embrace
umgeben, a, e to surround
umhängen (mit) to wrap around; to put on
um-kehren to turn around
umklammern to clasp, embrace
um-kommen, a, o to perish
der **Umriß, –(ss)e** outline, contour
sich **um-schauen** to look around
umschließen, o, o to enclose
sich **um-sehen, a, e** to look around
umspinnen, a, o to wrap in a web, entwine, entangle
der **Umstand, ⸚e** circumstance
umständlich fussy; ceremonious
der **Umzug, ⸚e** parade
unaufdringlich unobtrusive(ly)
unbarmherzig relentless(ly), merciless(ly), pitiless(ly)
unbedingt absolutely
unbegreiflich incredible, incomprehensible, inexplicable
unbeschreiblich indescribable
unbesonnen thoughtless, reckless
unbestimmt indefinite
unbeweglich immovable, motionless
der **Undank** ingratitude
undeutlich indistinct(ly)
unendlich endless, infinite
unentwegt firm
unermeßlich immeasurable
der **Unfall, ⸚e** accident
ungeduldig impatient(ly)

ungeheuer enormous, monstrous, frightful
ungeheuerlich monstrous, atrocious; shocking
die **Ungerechtigkeit** injustice
das **Ungewohnt-** the unusual, unfamiliar
ungezwungen uninhibited, informal
das **Unglück** misfortune
ungut not good
unheilvoll harmful, pernicious, disastrous
unheimlich uncanny
die **Uniform, –en** uniform
unlogisch illogical
unmerklich unnoticeably
unmöglich impossible
unnachsichtlich unrelenting(ly)
unpraktisch unpractical
das **Unrecht** injustice
der **Unschuldig-** innocent man
unsicher uncertain
der **Unsinn** nonsense
die **Unsterblichkeit** immortality
unterdessen in the meantime
untergegangen extinct, perished
das **Unterholz** underwood
der **Unterrock, ⸚e** petticoat
unterschlagen, u, a to suppress
untersetzt stocky
untersuchen to investigate, examine
unterwerfen, a, o to subject; **sich unterwerfen** to submit
sich **unterziehen, o, o** (*with dat.*) to submit to
untröstlich inconsolable
unvergessen unforgotten
unverständlich incomprehensible
unzerrissen not torn
urgesund robust
die **Ursache, –n** cause
das **Urteil, –e** verdict, judgment
der **Urteilsspruch, ⸚e** sentence, judgment
die **Utensilie, –n** utensil

V

der **Vagabund, –en** tramp, vagabond
der **Vater, ⸚** father
die **Vaterschaft** paternity
die **Vaterschaftsklage, –n** paternity suit

die **Vaterstadt,** ⁼e native town
vegetieren to vegetate
veilchenblau violet
verändern to change
verarmen to become poor
verarmt impoverished
verbinden, a, u to connect
die **Verbindung, –en** connection,
association; **sich in Verbindung
setzen (mit)** to get in touch (with)
verbittert embittered, grown bitter
verbleichen, i, i to fade
verblüfft dumbfounded, amazed,
stupefied
verboten forbidden
verbrechen, a, o to commit a crime
or an offense
das **Verbrechen, –** crime
der **Verdacht** suspicion
verdächtig suspicious
verdattert nonplused
verdienen to earn
verdunkeln to darken
verdutzt perplexed
verehrt revered
der **Vereinsanlaß,** ⁼(ss)e club occasion
sich **verfahren, u, a** to take the
wrong road, lose one's way
verfassen to compose
verfertigen to make, manufacture
verflucht confounded, cursed
verfolgen to follow, pursue
die **Verfügung, –en** disposal; **zur
Verfügung stehen, a, a** to be at
the disposal (of)
verführen to seduce
die **Vergänglichkeit** transitoriness
vergeblich in vain
vergessen, a, e to forget
das **Vergnügen, –** pleasure
vergnügt cheerful
das **Vergnügungsviertel, –** amusement district
vergoldet gilded
vergrößern to enlarge
verhaften to arrest
die **Verhaftung, –en** arrest
die **Verhandlung, –en** proceedings;
negotiation
das **Verhängnis, –(ss)e** fate, destiny;
doom, misfortune

verjährt fallen under the statute of
limitations; superannuated
verkaufen to sell
der **Verkehr** traffic
verkommen, a, o to come down in
the world, degenerate, go bad; to be
ruined
verkracht bankrupt
verkünden to announce, proclaim
verlangen to demand
verlassen, ie, a to leave; **sich verlassen auf** to rely on
verlauten to be said, be rumored;
verlauten lassen, ie, a to give to
understand, hint
verlegen embarrassed
verletzen to hurt, injure
die **Verleumdung, –en** libel,
slander, defamation
verlieren, o, o to lose
verlobt engaged
die **Verlobung, –en** engagement
die **Verlobungsblume, –n** engagement flower
verlottern to go to ruin
vermitteln to arrange, negotiate
vermodern to moulder, decay, rot
vermögen, o, o to be able, be
capable
das **Vermögen** wealth, fortune
vernehmen, a, o to hear
sich **verneigen** to bow
verpassen to miss
verpflichten to obligate
der **Verrat** betrayal, treachery
verraten to betray
sich **verrechnen** to miscalculate
verreisen to go on a journey
verrissen run down, dilapidated
verrostet rusty
verrückt crazy
versammeln to gather
verschaffen to procure, get
verschieden different, varied
verschiedenes various things
verschleudern to waste, squander
verschlissen threadbare
verschmiert greasy
verschränken to cross, fold (as of
arms)
verschroben eccentric, odd, queer
verschuldet in debt

verschwenderisch lavish(ly), wasteful(ly)

die **Verschwendung, –en** lavishness; wastefulness

verschwinden, a, u to disappear

die **Verschwörung, –en** conspiracy, plot

versetzen to pawn; to transfer; **sich versetzen** to change one's place;

versinken, a, u to disappear

versoffen (*vulg.*) drunk, besotted

versprechen, a, o to promise

der **Verstand** intellect; judgment; wits, brains

verstaubt covered with dust

verstehen, a, a to understand

verstunken stinking

der **Versuch, –e** attempt

die **Versuchung, –en** temptation

verteilen to distribute

verteufeln to jinx

verteufelt devilish(ly)

das **Vertrauen** trust

vertun, a, a to waste, squander

verurteilen to condemn

verwahrlost neglected

verwalten to administer

verwandeln to change

die **Verwandlung, –en** change

verwenden to use

verwirklichen to make real; to materialize

verwirrt confused, perplexed

verwundert astonished, surprised

die **Verwunderung, –en** astonishment

verzeihen, ie, ie to forgive, pardon

die **Verzeihung, –en** pardon

verzichten to forego, renounce

verzinsen to pay interest on

verzweifeln to dispair

das **Vieh** cattle; beast

vielleicht perhaps

der **Viert-** fourth man

violett violet

die **Visage, –n** (*vulg.*) face, mug

der **Vogel, ⸗** bird

der **Vogelruf, –e** bird call

völkerverbindend uniting nations

der **Volksbote** People's Messenger (name of a newspaper)

das **Volkslied, –er** folk song

volkstümlich popular

die **Volksweise, –n** popular air, folk tune, folk song

der **Volkszorn** wrath of the people

voll full, complete

vollauf completely

vollkommen complete(ly)

die **Vollmilch** full milk (with no cream taken out)

vor in front of

vorbei past

vorbei-flitzen to dash past, fly past

vorbei-gehen, i, a to pass

vorbei-kommen, a, o to pass by

vorbei-rasen to race by

vor-bereiten to prepare

das **Vorbild, –er** model

der **Vordergrund, ⸗e** foreground

die **Vorderseite, –n** front

vorerst for the time being; first of all

vor-fahren, u, a to drive up

vor-führen to bring forward

vor-gehen, i, a to go on, proceed

das **Vorgehen** proceedings; action

vor-halten, ie, a to reproach

der **Vorhang, ⸗e** curtain

vorher heretofore; before, previously

vorhin a while ago

vorig previous

vor-kommen, a, o to occur; to appear

vor-liegen, a, e to be under discussion or consideration; to be present

vorne in front

vornehm refined, noble, grand

vor-nehmen, a, o to undertake; to plan

der **Vorschlag, ⸗e** suggestion

vor-schlagen, u, a to suggest

vor-schreiben, ie, ie to prescribe, dictate

die **Vorsicht** precaution; prudence; **Vorsicht!** Look out!

vorsichtig careful(ly)

vor-spielen to play before an audience

vor-stellen to present, introduce; **sich etwas vor-stellen** to imagine something

vortrefflich excellent

vor-treten, a, e to step forward

vorüber-gehen, i, a to pass; as stop
   by
die Vorweltsstimmung, –en mood
   of former ages, mood of a prehistoric world
vor-ziehen, o, o to prefer

W

wachsen, u, a to grow
wacker valiant
die Waffe, –n weapon
der Wagen, – car; carriage
die Wagenschmiere, –n axle grease,
   cart grease
die Wahl, –en election, vote
wählen to choose, elect, select
der Wahn illusion; delusion, fancy;
   madness
währen to last
während while, during
die Wahrheit truth
der Wald, ⸗er forest
walten to rule, govern; to carry out,
   execute; **seines Amtes walten** to
   discharge the duties of his office
der Walzer, – waltz
die Wand, ⸗e wall
wanken to stagger, totter, reel
wann when
die Ware, –n article, commodity;
   goods, wares, merchandise
die Wärme warmth
warten to wait
der Wärter, – sentry, guard,
   guardian
warum why
die Waschmaschine, –n washing
   machine
wechseln to change
wecken to wake, rouse
weder ... noch neither ... nor
weg away
der Weg, –e path, way
weg-schicken to send away
wehend streaming, blowing
sich wehren to defend oneself
das Weib, –er woman (derogatory)
Weihnachten Christmas
weinerlich tearful(ly)
weiß white
das Weißbrot, –e white bread
weiter further, farther; additional

weiter-dinieren to continue dining
weiter-gehen, i, a to go on, continue
   walking
weiterhin in future, from now on
weiter-sprechen, a, o to continue
   talking
die Welt, –en world
die Weltbank World Bank
die Weltbedeutung world importance
weltberühmt world-famous
das Welthappy-End happy end for
   all the world
die Weltöffentlichkeit world-wide
   public
die Weltordnung world order
wenden, a, a to turn, change; **sich
   wenden an** to turn to
wenig little, not much; a few
wenn if; when
wer who
werden, u, o to become
werfen, a, o to throw
wert worth
der Wert, –e value; merit, importance
weshalb for what reason, why
wichtig important
wie how; as; like
wieder again
wieder-finden, a, u to find again
wiederum again
wiegen, o, o to weigh
wieso why
wild wild
der Wilderer, – poacher
wildern to poach
der Wildfang, ⸗e hoyden; tomboy
das Wildkätzchen, – wild kitten
die Wildlederjacke, –n suede jacket
willkommen welcome
der Wind, –e wind
die Windeseile speed of wind
das Windesrauschen rustle of the
   wind
windig windy; frivolous, vain,
   thoughtless
winken to wave
der Winter, – winter
wirken to have an effect; to work
wirklich real(ly)
die Wirtschaft, –en inn; economy

wirtschaftlich economical(ly)
das Wirtshaus, ⸰er inn, tavern
der Wirtshausapostel inn's apostle
(emblem of the Golden Apostle Inn)
das Wirtshausschild, –er inn sign,
emblem of an inn
wischen to wipe
wissen, u, u to know
die Witwe, –n widow
der Witz, –e joke
die Woche, –n week
wohin whither, which way
das Wohl welfare, well-being
wohlbeschuht well-shod
wohlhabend prosperous
das Wohlleben life of comfort
wohlsituiert well situated
der Wohlstand prosperity
die Wohltäterin, –(nn)en bene-
factress
wohltätig charitable
die Wohltätigkeit charity
das Wolkenungetüm, –e monstrous
cloud
der Wolkenzug, ⸰e passage of the
clouds, cloud drift
wollen to want
das Wort, –e word
wunderbar wonderful
sich wundern to be surprised
wunderschön lovely, exquisite
wundervoll wonderful
wünschen to wish
würdig dignified
das Wurzelgesicht, –er gnarled root
looking like a face
die Wurzelwildernis jungle of roots

Z

die Zachanassianstiftung
Zachanassian Foundation
zahlen to pay
zart tender, gentle, delicate
zartfühlend tactful(ly)
der Zauber magic; enchantment
das Zauberhexchen, – little
enchanting witch
das Zeichen, – sign
zeigen to show; zeigen auf to
point to
die Zeit, –en time

die Zeitung, –en newspaper
zerbrechen, a, o to break
zerfallen, ie, a to fall apart
zerfallen dilapidated
zerfetzen to tear to shreds
zerfetzt ragged
zerfleischen to lacerate, tear to
pieces, mangle
zerschlissen tattered
zerstören to destroy
der Zeuge, –n, –n witness
das Ziegeldach, ⸰er tiled roof
ziehen, o, o to pull; to take off
das Ziel, –e goal, purpose
ziemend seemly, becoming, suitable
ziemlich rather
sich zieren to put on airs
zierlich graceful, dainty
die Zigarette, –n cigarette
das Zigarettenetui, –s cigarette case
die Zigarre, –n cigar
das Zimmer, – room
zittern to tremble, quail
zögern to hesitate
der Zopf, ⸰e pigtail
zucken to shrug, twitch
zu-decken to cover
zu-drehen to turn to
zu-drücken to close, shut; ein Auge
zu-drücken to overlook
zuerst at first
zufällig accidental(ly)
zu-flüstern to whisper to; to prompt
zufrieden satisfied, content
der Zug, ⸰e train; procession; trait
zu-geben, a, e to admit
zugegen present
zu-gehen, i, a (auf) to walk towards,
go up to, move towards
der Zugführer, – train conductor,
engineer
das Zugsgeräusch, –e noise of a
train
zu-kehren to turn to(wards)
zu-knöpfen to button up
die Zukunft future
zukünftig future, in future
zuliebe for the love of; einem etwas
zuliebe tun to do something to
please or oblige a person
zu-muten to demand, exact, require,
expect

zupfen to pluck, pull, tug
zu-reden to persuade, urge, encourage
zurück back
zurück-fliegen, o, o to fly back
zurück-geben, a, e to give back, return
zurück-halten, ie, a to hold back
zurück-kommen, a, o to come back
zurück-schicken to send back
zurück-treten to step back; to resign
zurück-ziehen, o, o to withdraw, pull back; **sich zurück-ziehen** to retire
zu-rufen, ie, u to call to, shout to
zusammen together
zusammen-brechen, a, o to collapse
zusammen-halten, ie, a to hold together
zusammen-krachen to go bankrupt; to fall down with a crash
zusammen-rechnen to add up

sich **zusammen-reißen, i, i** to pull oneself together
zusammen-schlagen, u, a to hit together, click (as of heels)
zu-schauen to watch
der **Zuschauerraum, ⸚e** auditorium
zu-sehen, a, e to watch
zu-stürzen auf to rush towards
zu-trauen (*dat.*) to believe a person capable of
zutraulich trusting, friendly; tame
zuvor before
die **Zwangslage, –n** embarrassing situation, distress
der **Zweig, –e** twig, branch
das **Zweiggeflüster** whispering of branches
der **Zweit-** second man
zweitkürzest second shortest
die **Zwillinge** twins
zwingen, a, u to force, compel
zwischen between
der **Zylinder, –** top hat
die **Zypresse, –n** cypress